JN104854

エンジニアリングが
好きな私たちのための

Engineering

エンジニアリング
マネジャー
入門

Management
for the Rest of Us

著 ‖ サラ・ドラスナー　　訳 ‖ 岩瀬義昌

日本能率協会マネジメントセンター

ENGINEERING MANAGEMENT FOR THE REST OF US
by Sarah Drasner
Copyright © 2022 Sarah Drasner All rights reserved.
Japanese translation rights arranged with the author
through Tuttle-Mori Agency, Inc., Tokyo

推薦の言葉

この本を手にしたら、付箋、しおり、ノートもぜひ手に取ってください！　本書は非常に有益で実践的な情報で盛りだくさんです。新人のマネジャーだけでなく、経験豊富なマネジャー、ひいては彼らのチームにも役立ちます。説得力、面白さ、実用性のすべてを兼ね揃えたマネジメントの本はなかなか見つけられませんが、サラ・ドラスナーはそれを見事にやってのけてくれました。

—キャシディ・ウィリアムズ

サラは、現代の意欲的なテクニカルマネジャーのために、素晴らしい最新のマニュアルを書いてくれました。本書は、優先順位づけ、実行、コラボレーション、そして社内文化まで、網羅的に実践可能な方法で導いてくれる優れたハウツー本です。問題解決に直結するような現実的な事例や、エンジニアリングマネジメントの叡智が豊富に詰め込まれています。私たちは皆、サラの経験から学べます。あなたも、あなた自身のキャリアやチームについて新しい何かが得られると、私は確信しています。

—アディ・オスマーニ

本書の行間からは、サラのリーダーとしての共感性と熱意の強さ、そして、あなたもリーダーに相応しいと彼女が本当に信じていることが伝わってきます。あなたの経歴に関わらず、あなたはチームを率いることができます。そして本書は、そのための実践的なハウツー本です。

—クリスチャン・ンワンバ

これまで効果的なマネジメントについて多くが語られてきましたが、経験豊富なリーダーの洞察が惜しみなく詰め込まれている本書は、そこに新しい知見をもたらしました。サラは信頼と心理的安全性の構築や、そしてプルリクエストのスコープを絞る方法について、実行可能なコツを共有してくれています。彼女はまた、マネジャーが持つべき心構えの変化についても賢明なアドバイスを提供しています。新しくエンジニアリングマネジャーになったすべての人に必要なもの、それが本書です。

—スーザン・ボンド

序　文

　私が新米マネジャーになったばかりのころ、最初の数カ月で早くも危機に直面しました。直属の部下の一人が口論に巻き込まれて、ひどく動揺していたのです。部下は、私にすぐに状況を改善するように迫ってきました。ソフトウェア開発一筋のキャリアを積んできた私は、人を育てる方法も、ましてや目の前の問題に対処するための行動計画を立てる方法もわからず、困り果てました。そして、パニック状態で友人のサラ・ドラスナーに電話をかけると、彼女は完璧にうまくいく計画を冷静に説明してくれました。

　マネジメントにキャリアを進める前、私はプリンシパルエンジニアになっていて、会社の目標や戦略の策定に一段と貢献するようになっていました。この時点で、私の才能は自らコードを書き続けるよりも、他のエンジニアを導く方が向いていると判断されたのです。そこで、私はマネジメント職に昇進したのですが、昇進したばかりの他の新米エンジニアリングマネジャーと同様に、準備ができていなかったのです。

　幸いなことに、私にはサラという頼れる存在がいました。アドバイスを求めたり、問題への対処方法を教えてもらうために彼女に電話をかけたのは、この時だけではありません。サラは文字どおり、ピープルマネジメントのハンドブックそのものでした（人間の形をしていますが）。サラが本書を書いたのは、おそらく私のせいだと思います（笑）。誰かのキャリアを台無しにしないためにはどうすればよいかと悩む深夜の電話に辟易していたのかもしれません。

　エンジニアリングマネジメントの世界に立ち入って以来、色々な変化がありました。正式なトレーニングを受けて、チームを育て、何度も昇進しました。変わらなかったのは、サラに頻繁に電話をかけて意見を交換して、彼女の知恵を借りることです。彼女はいつも快く受け入れてく

れ、リーダーとしての成長に役立つ、的確で実行可能なアドバイスをくれました。

サラが自身の知恵を「エンジニアリングマネジャー入門」にまとめると決意してくれたことに、本当に興奮しています。なぜなら、本書なしで新米エンジニアリングマネジャーがこの世界をどう切り抜けていけるか想像できないからです。

本書は、キャリアラダー、信頼の獲得、対立マネジメント、その他に必要不可欠な要素をすべて網羅しています。共感を呼ぶストーリーやシナリオが満載で、教訓にいきいきとした文脈が加わっています。自分のチームをリードする方法を深く考えさせ、内省を促してくれます。サラは、すべてのアドバイスを、あくまで自分の見解であると前置きしています。しかし、信じてください。幅広く通用します。

本書は、手に入れたばかりの力を最大限活用しようとしている私たちにとってのサポートグループのようなものです。サラは、自らの失敗やその克服方法、そのために作り上げたツール、システム、プロセスを包み隠さず共有してくれています。

サラ、このような素晴らしいエンジニアリングマネジメントのためのガイドを書くために時間を割いてくれてありがとう。

生まれながらのリーダーではない私たちを代表して。

―アンジー・ジョーンズ、バイスプレジデント

はじめに

　私は世界最高のマネジャーではありません。素晴らしいチームとも過ごしましたし、忘れられない瞬間もありましたが、マネジメントが私のDNAの一部だと思ったことは一度もありません。初めてリーダーを任されたときは、チーム内でコミュニケーション能力が抜きん出ていたからではなく、いちばん経験が豊富で、プロジェクトを終わらせる方法を知っていたからでした。当時、リーダーを任されたのは、リーダーシップによるものというより、エンジニアリングスキルによるものでした。そのため、リーダーシップの世界に突然放り込まれたような感じでした。

　私たちの多くはエンジニアとしてキャリアを始めて、昇進あるいは異動によってマネジメントの職に就きます。チームを鼓舞するのが得意だったからという場合もあれば、戦略面でリーダーシップを発揮したからという場合もあります。しかし、多くの人はマネジメントの仕事を選んだわけではなく、選ばれたのです。

　ソフトウェアエンジニアリングの世界では、技術的な実装に関する記事を共有する人がたくさんいます。一方で、エンジニアリングマネジメントの記事を共有する人はほとんどいません。

　それでも、マネジメントはコードに通ずるものがあります。チームが適切に組織化され、支援を受け、明確な戦略を持っていなければ、世界中にあるどんなコーディングのベストプラクティスやリンター[1]を使っても、本当の成果にはつながりません。マネジメントはソフトウェアエンジニアリングに大きく影響するため、学び、共有する価値があるのです。**私たちには、チームに対して考え抜かれたリーダーシップを提供す**

---

[1] 訳注：ソースコードを解析して、文法エラー、バグの可能性、スタイルの一貫性などの問題を検出し、警告やエラーメッセージを表示するツールのこと。

る義務があります。

　私が本書を執筆したのは、自分が学んだ教訓をまとめることで、読者が情報を得て、私が経験したような苦労を避けられることを願ってのことです。とはいえ、マネジメントは万能ではありません。本書で取り上げる内容が、皆さんの状況に適さないこともあるかもしれません。自分自身で判断して、適した道を見つけてください。本書で紹介するのは、あなたの道具箱に入れておくためのツールであり、各テーマへ取り組む唯一無二の方法ではありません。

　本書では私のこれまでの学びを共有しますが、私にも学ぶべきことがまだまだあります。すべてを理解しているわけではないので、間違いを犯すこともあります。私自身、まだ旅の途中なのです。

　マネジャーになるという明確な目標を持ってエンジニアリングに進んだわけではないけれども、チームを最大限にサポートしたいと願う人にとっては、厳しいこともあるかもしれません。本書は「生まれながらのリーダー」のためのものではありません。そうではない私たちのための本です。

Contents

自分のチーム

1

自分のチームを
大切にする

エンジニアリングマネジメント界隈ではこんな冗談があります。

「橋を建てるのがとても上手になったら……パン屋に昇進させられた」。

エンジニアとして培ってきた種類のスキルが、必ずしも次に続くマネジメントで役に立つとは限りません。

リーダーシップとは挑戦的なものです。以前の仕事は、自分とチームにもたらす価値に関するものでしたが、**今の仕事は、周囲のみんなが活躍できるようにすることです。**リーダーシップの仕事は、チームがよどみなく仕事を進められるように、頻繁に自分の仕事を中断せざるを得ません。また、リーダーシップには多くのコラボレーションやコミュニケーションが含まれるのに、ときに非常に孤独でもあることは奇妙に感じられるかもしれません。

とはいえ、エンジニアリングの経験を持つマネジャーには、それぞれに多くの強みがあります。これまでの仕事の経験が、目の前にあるタスクの理解を容易にするのです。自分の経験を活かして戦略を練ったり、

部下に仕事の重要性やキャリアパスを理解してもらうことで、チームメンバーのレベルにかかわらず、サポートしたりすることができるのです。これは個人ごとに固有のものです。

エンジニアリングマネジメントには大きなリスクが伴います。以前であればたとえコードが壊れたとしても、周りの人に与える影響は間接的でした。しかしいまのあなたの仕事は、目の前にいる部下の顔に反映されるような、目に見える形で日常生活に影響を与えます。エンジニアリングマネジメントでは、権力の不均衡や組織構造の理解、また、特定のプロジェクトではなく、それをとりまく戦略の検討が求められます。この説明を読んで、少し混乱しているなら、**それは実は良い兆候です。**混乱していないとしたら、むしろ驚きます。

以前、私の友人のアシュリー・ウィリスが次のように言っていました。

「自分が良いマネジャーではないと心配していること自体が、良いマネジャーになるための大事な要素なのです」

彼女が言いたかったのはつまり、この仕事に真摯に取り組むべきだということです。「悪い」マネジャーは、マネジャーの役割やマネジメントに伴う結果を軽視しがちです。**思いやりは、この仕事をうまくやるために不可欠なのです。**

「Part1 自分のチーム」では、生産的でやる気にあふれたエンジニアリングチームを作り上げるためのツールから紹介します。チームこそが、自分の仕事で最重要な部分だからです。

2

価値観の価値

　私が価値観について学び始めたとき、チームで働く意味がより理解できるようになりました。人は純粋関数ではなく、みんなそれぞれにあらゆる種類の興味深い副作用を持っているのです。マネジメントに関わり始めたばかりの人にとっては、価値観について考えることで、（物ごとを）明確に捉えられるようになるかもしれません。私のコーチであるジェシー・コヴァリックは、時間をかけてこの考え方を教えてくれました。人が集まって働くための強固なフレームワークを身につけるために、この基本的な概念がどれだけ私の助けになったか、言い尽くせるものではありません。

　本書は全編を通して価値観について何度も言及しています。この章ではいくつかの基本的な考え方の適用方法を説明します。「価値観ワーク」はツールの一つです。このツールによって、人物の背景を理解するための基準が得られます。

　価値観を理解するための取り組みは、すべての問題を解決する銀の弾

丸ではありません。しかし、それはグループ内で相互理解を深めたり、信頼関係を築くための出発点になります。それらと個人の価値観を一緒に紐解いていくことで、その人にとって、何が原動力となり、何がモチベーションとなっているのかを理解する助けにもなります。そして、うまく協力するための核が相互理解なのです。

個人の価値観

では、価値観とは何でしょうか？

価値観とは私たちを導き、動機づけ、行動へと突き動かす基本的な信念です。価値観は私たちが最も体現したい性質を表しています。重要性の判断や、本質的に何に賛同しているのかを理解することに役立ちます。また、どんな人間になりたいかを決める助けにもなります。

個人の価値観は、倫理観と道徳観に関係することもあります。文化的な価値観はまた、個人よりも大きな文脈を反映するもので、より大きなグループにとって重要なことに関連しています。

注意深く見れば、価値観がどのようにその人の行動や倫理に影響しているかがわかります。価値観は幼い頃に形成されたのかもしれませんし、出来事への反応として形成されたのかもしれません。価値観はまた、時間と共に進化します。

簡略化したものではありますが、価値観を表す単語のサンプルリストを紹介します。より包括的な価値観のリストを探しても構いません。おそらく、次の中に共感できるものをいくつか見つけられるでしょう。

責任、擁護、自律、思いやり、協力、貢献、創造性、好奇心、信頼性、多様性、共感、倫理、卓越性、公平、家族、友情、楽しさ、成長、幸福、健康、誠実、謙虚さ、ユーモア、包括性、独立、知識、成果、自己啓発、精神性、完璧さ、権力、覚悟、確実性、成功、

チームワーク、伝統、信用、多才、ビジョン、優しさ、富

　１～２分かけて、このリストを眺めてみてください。最も共感できる３つの単語はどれでしょうか？　自分が共感している価値観について、なぜそれらを選んだか考えてみましょう。子供の頃に両親から刷り込まれた価値観でしょうか？　逆境を乗り越えたことで、いずれかの価値観の必要性を理解したのでしょうか？　それとも、自分でも理由はわからないけれど、生来備わっているように感じるものでしょうか？　少し考えてみてください。

文脈としての価値観

　チームとしての価値観を考え抜くことも同様に重要です。**価値観は何かを解決したり、取るべき行動を提示してくれたりするわけではありません。価値観は、なぜ、何が起こっているのかを深く理解させてくれるものなのです。**

　映画は対立の問題を、危険なほどに単純化して表現することがあります。たとえば、善と悪の戦いといったようにです。滅多にないことではありますが、残念ながら人は職場で起きた対立をこのような枠組みで捉えてしまうことがあります。多くの場合、対立は価値観の不一致によって起こり、どちらも相手に対して悪意を持っているわけではありません。お互いのニーズが満たされないまま、価値観が似ていない人同士でも理解できるようなコミュニケーションができていないと、二人の関係が悪化する可能性があります。

　チームとしての価値観を理解するための取り組みは、メンバーがお互いを一人の人間として認識し、どのような背景を持っているのかを理解することに役立ちます。**価値観の共有は、チーム内の信頼関係を醸成し、弱さをさらけ出せる環境をつくるという副作用をもたらすこともありま**

す。

　価値観ワークを行う方法の一つは、チームのメンバーに先ほど示したようなリストから5つの価値観を数分で選び出してもらうことです。みんなが選び終わったら、一人ずつ順番に、その5つの価値観に共感した理由を話してもらいましょう。もし内気なグループであれば、リーダーが先陣を切るとよいでしょう。

　メンバーが選んだ価値観を見ると、腑に落ちることがあります。しばらく一緒に仕事をして、その人の行動の原動力や、その働き方をしている理由が少しでも理解できると、アハ体験がよく起こります。

　チームにまだ信頼関係がなく、このワークを行うことに抵抗があるならば、その気持ちはよくわかります。**しかし、実際のところ、気まずく思えるときにこそ、このようなワークに取り組む価値が最もあるのです。**グループのメンバーがお互いにまだ気を許し合っていないとか、お互いをよく理解していないと感じたときに、このようなワークが本当に役立ったことが何度もありました。

　うまくできたら、（同じ役職の）同僚とも同様にこの価値観ワークをやってみることをお勧めします。分野や部門を超えて共に働くだけでなく、お互いを理解し合うことが、会社全体が一体となって機能するために必要なのです。

　以前、私がリーダーシップチーム[2]で働いていたとき、この価値観ワークとどこか似ている性格診断テストを受けたことがあります。私ともう一人（時折意見が合わない人）は、同じ性格タイプであり、同じ価値観に裏打ちされていることがわかりました。私たちがこれに気付いたとき、すべての合点がいきました。私たちは二人とも論理的でデータ重視の姿勢を取ろうとしていましたが、少しだけ違う目標に向かって、しかも異

---

[2] 訳注：本書でのリーダーシップチームとは、組織の中でリーダーシップを担う人の集まりのこと。一例として、エンジニアリングマネジャーの集まりや、幹部の集まりなどを指している。

なるデータを使っていたのです！

　私たちは一緒にこれを振り返って、クスクスと笑いました。それ以降、共通して持っている価値観を行動に移し、お互いのモチベーションを理解しようと努めることで、協力がより有意義になったのです。

さらに深掘りする

　先に述べた通り、実際のところ、価値観を理解しても問題解決につながる銀の弾丸にはなりません。しかし価値観によって、その人の心理状態、ニーズ、そしてモチベーションの背景がわかります。チームメンバーの価値観を理解することは、あなた自身の共感力を評価し、高めるための便利なツールになります。自分と他の人は別の価値観を持っているかもしれません。そのため、積極的に他の人の視点を理解しようと努めない限り、自分の背景や限界に縛られてしまう可能性があります。

　次に述べる例は、ある状況下で価値観について考え抜くことが、視野を広げることにどれだけ役立つかを示しています。誰も間違っているわけではありませんが、会話をうまく進めるために何らかの洞察が必要な場合に特に重要です。

例1

　スージーは9人の兄弟姉妹がいる家庭で育ちました。夕食時に食事を分け合い、おしゃべりをしながら食べることが、家族団欒の大きな部分を占めていました。彼女の両親は、この幸せな騒がしさに価値を感じていました。一方で、ラシッドは一人っ子として育ち、彼の両親は夕食では秩序と規律を重んじていました。会社の「家庭的な」ディナー形式のオフサイト（対面での集まり）で、スージーはラシッドに声をかけずにパスタに手を伸ばしました。ラシッドはこれを失礼だと思い、スージーは大したことないと思っています。

この意見の食い違いに、二人の個人的な背景と価値観がどれほど影響を及ぼしているか想像できますか？　意見の相違が起きたとき、あるいはわずかな緊張関係を感じ取ったときでさえ、相手の背景を理解するためのツールがあります。今回の例では、誰かが悪意を持っていたわけではなく、背景（育った環境）や価値観が微妙に異なっていたのです。彼らが自分たちの背景と価値観の違いに気づけたなら、お互いにもう少し寛容になれるかもしれません。

例2

私たちの価値観は人生の経過と共に変化することがあります。私とあなたが、10代の頃に同じ価値観を持っていたとしても、もしかしたら今では同じ価値観ではなくなっているかもしれません。これまでどのような種類の経験によって、価値観が広がったり変わったりしましたか？

アミナは学校が嫌いでした。彼女の高校の先生は、彼女の教育についてあまり気にしていなかったし、彼女自身も勉強を大して楽しいとは感じていませんでした。しかし、彼女は大学、大学院と進学するにつれて、彼女が興味本位で選んだ科目を熱心に教えてくれる先生に出会い、学ぶことが大好きになりました。

15歳のアミナと25歳のアミナに価値観の一つが学びであるかを尋ねたら、おそらく違う回答が得られるでしょう。

この個人的な成長は、もしかするとアミナにとって意義深いもので、今ではできるだけ多くを学べるプロジェクトへの参加を希望しているかもしれません。おそらく学びが、彼女自身のキャリアの成長において最も重要なことなのかもしれません。彼女の上司として、この背景を完全に把握していれば、彼女の成長を加速させるような支援ができるかもしれません。

あなたと一緒に働く人たちは、考え方が変わるような、どんな人生経験を重ねてきたのでしょうか？　彼らの価値観を形成したものを理解することで、彼らがどう成長してきたかについて何が学べるのでしょうか？

例3

　人間というものは、内部に矛盾を抱えていることがあります。ときに、その人の価値観とは違う行動をしているように見えることもあります。周りの人は、戸惑いを感じるかもしれません。誤解や対立が起こりそうであれば、このことが原因かどうか、掘り下げてみるとよいかもしれません。

　フレディはとても繊細です。彼は他人に批判されるのを極端に嫌っており、また、陰で自分の悪口を言われているのではないかと、やや被害妄想気味です。彼は同僚に自分の悪口を言わないよう頼んでいます。ところが、フレディが仕事後に同僚と一緒に外出するとき、いつも彼はそこにいない人の悪口を言うのです。

　フレディが誠実さを価値観の中心に選んでいるにも関わらず、彼自身が必ずしも常にこの価値観に沿って行動しているわけではないことが見てとれるでしょうか？　しかし、だからといって、それをあげつらうべきという意味ではありません。価値観ワークはお互いをよりよく理解するためのもので、攻撃に使うものではないのです。
　誰かが自分で表明している価値観と矛盾する行動をとっているときこそ、特に注意が必要です。マーシャル・B・ローゼンバーグは著書『NVC　人と人との関係にいのちを吹き込む法』（日経BPマーケティング、2018）の中で、次のように指摘しています。「メッセージの背後にある感情とニーズに私たちが耳を傾ければ、すべての批判、攻撃、侮辱、

そして審判は消え去ります」。

今回の背景には、フレディに満たされていないニーズがあるのかもしれません。ここは彼を糾弾するような反応をするのではなく、そのニーズが何であるか、興味を示すべきときです。また、自己認識と、他者が自分について感じている認識がズレていると聞くのは辛いことかもしれません。これは、フィードバックの章で詳しく説明します。フレディが大切にしている価値観を理解することは、依然として重要ですけれども！

自分の価値観

周りの同僚の価値観について少しお話ししてきましたが、自分の価値観についても考えるべきです。なぜなら自分の価値観は、リーダーシップのあり方に影響を与えるからです。チームを率いる方法は、他のリーダーたちと同じである必要はありません。「他人の地図」を使いたい誘惑に駆られますが、結局のところ私たちはそれぞれが別人であり、それぞれの人生体験、価値観、境界線があります。これらに注意を払い、他の人たちに伝えることが重要です。

リーダーシップのあり方の多くは無私無欲なため、自分自身のニーズを二の次にしたくなることがあります。確かにある程度はそうですが、言ってみれば、自分自身がまず酸素マスクをつけないと、他の人の面倒を見ることはできません。自分の価値観を明示することは、部下に自分の仕事の仕方やニーズを理解してもらうための背景を伝えることにもなります。それは、部下が上司をより深く理解するために必要なことです。もし、基本的なレベルで価値観と行動がズレていれば、いずれ燃え尽きてしまうでしょう。現実を直視してみると、マネジメントの仕事はとても大変です。だから、あなた自身も大切なのです。

自分の価値観を紐解くことで、人生の中で価値観によく合っていた、

Part
1
自分のチーム

chapter
2
価値観の価値

21

あるいは合っていなかったパターンに気づけます。この「合っていなかった」という感覚は、取り組むべき課題を示す良い指針となります。価値観の不一致は、私たちの長期的なやる気に影響を及ぼします。長期間放置していると燃え尽き症候群につながる可能性もあります。

　また、他者への反応方法という観点からも、自分の価値観について考えられます。相手に興味をもったり、逆に誰かのコミュニケーションの方法が気に入らなかったりしたら、自分の価値観との関連を考えてみるといいかもしれません。自分の価値観とリーダーシップのあり方の相互作用に気付けるかもしれません。

　例えば、ユーモアや学びに価値を置いていますか？　その場合、スタンドアップミーティングを「おやじギャグ」から始めるかもしれませんし、考えさせるような問いかけから始めるかもしれません。あるいは、家族を重視していますか？　会社の育児休暇を全員が平等に取れるように、全力を投じているかもしれません。これらは両方とも私のことです。なので、もちろん私が大好きなYouTubeの動画の一つは、シモーン・イェルチの「赤ちゃんを運ぶドローン（A Drone that Carries Babies）」[3]という一風変わった動画です。

　また、対立が生じたときに、自分の価値観がどのように行動に表れているかを確認してもよいでしょう。たとえば、自分の価値観の一つが平等で、平等性に関する問題が部下の間で持ち上がっており、対応するために立ち上がる必要があると感じているなら、自分の動機の理解に役立つでしょう。同様に、あなたと対立状態にある人が価値観として平等を重視していないとしたら、その人の価値観はどのようなものでしょうか？　問題を克服し、プロジェクトの障害を取り除くために、お互いに本心をさらけ出せていると感じるコミュニケーションはどのようなものでしょうか？

---

[3] https://www.youtube.com/watch?v=735_W3zsIw4

自分の価値観と、リーダーとして大切にしていること（何のために立ち上がるのか、何を譲歩するのか）との関係を理解することは、自身の動機、ニーズ、境界線を理解するための素晴らしい練習になります。本書の後半で取り上げる、自分の時間管理にも有用です。

企業の価値観

　企業にもまた（明示的であるかどうかにかかわらず）価値観があります。企業の価値観と自分の価値観が少なくとも部分的にでも一致していることが非常に重要です。誰でも見られるように企業のハンドブックに価値観が明記されている場合もあります。しかし、明文化されていなくても、優先度やコミュニケーション、企業の組織のあり方に微細に現れることからでも、価値観は読み取れます。

　企業の価値観をナンセンスだと思っていたことが私にもありました。なんとなく胡散臭く思えたのです。大勢のグループでロボットのように奇妙な宣言に同意し、それを復唱することに興味がなかったのです。しかし、最近になって組織レベルでうまく使われているケースを見て理解しました。核となる価値観によって、将来に向け安定した方向性を定めることで、企業の目標設定に役立っているのです。私が企業の価値観に懐疑的だったのは、それらの価値観が空虚に思え、自分の現実に合致していないと感じたからだったのですが、価値観がうまく一致しているなら、実際には検証に使えるシステムなのです。

　以前の同僚であり、Netlifyのマーケティング担当副社長、その前はOpenStackとRackspaceで働いていたローレン・セルはある日、これをうまく表現していました。彼女は次のように言いました。

　「Rackspaceでは、私たちの価値観の一つに『私たちが行うすべてにおいて熱狂的なサポートを』がありました。これは興味深い価値観でし

た。多くの企業が顧客を大切にしていますが、『熱狂的な』という言葉が他の企業とは一線を画しており、非常に重要だったからです。ミーティングでは互いに、『そうだね、でもそれって熱狂的かな？』と言い合え、私たちが実際に価値観に沿って行動しているか確認する良い方法になったのです」

Netlifyでは、価値観の一つが「最高のアイデアはどこからでも生まれる」でした。私はこの価値観が大好きでした。というのも、組織のあらゆるレベルやあらゆる部署の人が、斬新なアイデアをもたらせると強く信じているからです。同様に、もし官僚主義によって非常に価値のある良いアイデアが妨げられているときに、この価値観を引き合いに出せました。

優れた企業の価値観はこのように機能します。容易に理解でき、照合するための観点となるのです。もし自社のミッションステートメントにこの視点が欠けており、それを指摘できる地位にいるのであれば、それについて尋ねてみることを強くお勧めします。リーダーシップとは要するに明確さを推進することです。そして企業の価値観によって、組織の原動力となっているものが明らかになるはずです。

チームの価値観

自分が率いている組織にはすべて、チームの価値観のリストを作ります。なぜそうするのでしょうか？　なぜなら、必ずしも会社全体に納得してもらう必要はなくても、チームで大切にしたい価値観があるからです。私が自分のチームで掲げてきた価値観を紹介します。

- 仲間の成功を自分のことのように祝う
- 他人と比べて落ち込まない

- 前に進むための自信を持つ（あなたはエキスパートであるからこそ採用されたのだから）
- 過ちを恐れない
- 勤務時間ではなく、成果に重きを置く（時間を数えるのをやめて影響を与えることに集中しよう）

　読者の皆さんがこの価値観に同意するか、あるいは実際に取り入れるかどうかは、特に重要ではありません。重要なのは、チームとともに価値観を作り上げる機会を設けることです。そうすることで、チームで価値観を支持する方法や、問題があれば異議を唱える方法を見つけられるようになります（実際に問題に巻き込まれてからより、今議論しておいたほうがよいでしょう）。チームで価値観が遵守されていれば、特にキャリアラダーのようなことで慌てる必要はありません。また、私がここで推奨している支持的で協力的な資質は、私がプリンシパルエンジニアを評価する軸とも一致しています。

　これらの価値観がしっくりこない人もいるでしょう。その人たちにとっては他のチームを見つけるほうが有意義かもしれません。でも、それでいいのです！　価値観の興味深い点は、必ずしも正解が存在しないことです。自分たちが作り上げたいチームに適した価値観と、そうでない価値観があるだけです。

　私は、誰もが自分の価値観に反しないチームでの仕事を探すべきだと強く感じています。理想的には、自分にとって完全ではなくとも大体は価値観が合致していると感じる場所がいいでしょう。異なる視点を持つ同僚から学ぶのもまた、良いことだからです。一握りの主要な、基本的な価値観は合致しているべきでしょう。そうでなければ、目の前の仕事がさらに大変になりかねません。価値観が合っていないと、燃え尽きてしまうのは避けられません。

　チームの価値観の大部分が自分の価値観と合致しているチームで働く

のは良いものです。なぜなら、チームの文化の本質を深く掘り下げられるからです。ここで私たちが目指しているのは明確さです。明確さが鍵となるのです。

価値観と境界線

まず、価値観と境界線は無関係のように感じられるかもしれません。しかし、それらは本質的に関係しています。価値観は、アイデンティティの核をなすものであるため、単にそれを把握するだけでは十分ではなく、ときには守る必要があります。何を人生に取り込むか、実際にどんな行動を取るか、どのように時間を費やすかによって、現実世界で自分の価値観が表現されます。

たとえば、「家族が本当に大切な価値観である」と言いながらも、仕事が生活に侵食しすぎていて家族のための時間がなくなっているとしたら、自分の価値観に従って生きていないことになります。自分の核となる価値観を守るための境界線を設けなければ、自分のライフワークとニーズが一致していないように感じて、いつか価値観とのズレが生じるでしょう。これは、持続可能な状態ではありません。前にも述べたように、**基本的な価値観との不一致があまりにも多いと、燃え尽き症候群につながります。**しかも、このタイプの燃え尽き症候群は、時間をかけてゆっくりと蓄積されていきます。

境界線は健全な職場環境にとっても非常に重要です。なぜなら、人により仕事に関する境界線がわずかに異なるからです。自分の価値観と仕事との間の矛盾に注意を払うだけでなく、日常の中でチームの価値観も侵害しないように努めるべきです。

チームで価値観ワークをする際は、チームメンバーが大切だと感じていることのメモを取りましょう。同様に、もし彼らが仕事で境界線を設けていたら、もとになっている価値観もメモしておきましょう。グルー

プの一員として価値観を議論する際に興味深いのは、メンバーの価値観がどこで交差し、重なり合い、あるいは隙間ができるのかを確認することです。大人数の場合、一つか二つの価値観を共有していて、他の多くは異なっているということがよく見られます。両方に注意を払うことが大切です。

価値観ワークをチームで行うと、フィードバック、対立のマネジメント、1on1、優先付けなど、多くの状況下で適用できるツールが手に入ります。以降の章で何度も取り上げているので、おそらく気付くと思います。

価値観に関して言えば、間違った答えというものはありません。みんな、それぞれ別の背景や人生の経験を持っているからです。お互いに理解すればするほど、一緒に働きやすくなります。「優れたマネジャー」という言葉を耳にしたなら、そのマネジャーはおそらく、他者の価値観に配慮や感謝を示し、かつ境界線を尊重する人のことを指しているでしょう。

3

信頼と弱さ

高尚な章タイトルですね！ 信頼について深掘りしていく前に、まずマネジャーとしての仕事は何か、そしてマネジャーの仕事ではないものについて話し始めましょう。

「信頼は水滴のように積み上げられるが、バケツでこぼすように失われる」 —ケビン・プランク、*Under Armourの創設者*

この引用が示唆するように、信頼を得るには時間がかかります。しかも避けて通れません。チームを築くために、いちばん欲しいものが信頼でしょう。しかし、信頼の醸成には時間が必要で、注意と配慮が必要です。そして簡単に失われてしまいます。信頼は繊細で大切なものであり、そのように扱われるべきなのです。

マネジャーとしての仕事

　私が、マネジャーとしての仕事を明確に表すなら、「**周りのみんなが
自分の力を出し尽くせるようにすること、それも共に**」となります。
もう少し掘り下げてみましょう。

- **できるようにすること**：これは、他者の能力開発の支援、成長、そし
  て育成を意味します。また、彼らが最も力を発揮できる環境を整える
  ことを意味します。さらに、自分の仕事は、自身ではなく彼らを中心
  に据え、彼らに合わせて対応することを意味します。

- **周りのみんな**：優れたマネジャーは、自分のチームだけを見て、その
  他全員を締め出しているわけではありません。優れたマネジャーは
  もっと広い全体的な状況を見ています。自分のチームはもちろん、自
  分と同じリーダーやその人のチーム、自分の上司たち、そして会社全
  体のエコシステムを見ています。

- **自分の力を出し尽くせる**：力を出し尽くせる仕事とは、できること、
  やりたいこと、会社が必要としていることが統合されたものであるこ
  とが望ましいです。私たちはベン図の中心の重なり合う部分を見つけ
  ようと努力しています。そのためには、部下のやる気について少し会
  話しておく必要があります。

- **共に**：マネジャーの役割の興味深い挑戦の一つは、個人に気を配りつ
  つ企業全体にも目を向ける中で、チームのダイナミクスが作用し始め
  ることです。そこでは、マクロとミクロの仕事の混在しており、両方
  のバランスをとりつつ、うまくこなすのは難題となることがあります。

29

この説明だけでも、チームがうまく機能するために必要な二つの重要な要素が見えてきます。つまり、「信頼」と「弱さ」です。

信頼と弱さ

10年ほど前、私のチームのメンバーの一人が、何千ものページを生成する関数をPHPで誤って呼び出してしまいました。これによって、会社のSEOは大打撃を受け、データベースのストレージにも大きな影響がありました。彼は深夜１時に私に電話してきました。しょぼしょぼした目で、彼と私、そして残りのチームメンバーで夜通し働いて、ウェブサイトが適切に機能するようにすべて修正しました。チーム全体が文句を言わず、また、私が頼まなくとも、チーム一丸となって取り組んでくれました。彼らはすべてが直った後、私が特別手当と休暇を与えるであろうことを知っていました。

しかし、彼らは強いられて助けに来たわけではありません。チームメイトのために助けに来たのです。これは、異例の事態でした。私たちのチームは通常このような仕事はしません。しかし困難な状況に直面したとき、信頼によってみんなが姿を現したのです。私たちは彼を支えたかったし、彼だけで何とかしなくてはいけない状況にはしたくなかったのです。彼自身も、問題があれば私に電話できること、そして私が助けてくれるだろうと信頼していました。彼は、自分が恥ずかしい思いをすることはないとわかっていました。みんながこの出来事を、システムを改善する機会として捉えることを知っていたのです。さらに、彼らは私がこの仕事に対して報酬と休暇を与えるであろうことも信じていました。

信頼は、単なる響きの良い言葉ではありません。職場環境において信頼は、私たちが構築するシステムの強度を向上させます。ニコル・フォースグレン、ジェズ・ハンブル、ジーン・キムによる著書『Lean とDevOpsの科学［Accelerate］テクノロジーの戦略的活用が組織変革

を加速する』（インプレス、2018）では、これが詳細に説明されています。チームの文化を調査し、チームの文化と、チームのパフォーマンスの高低との相関関係を研究しています。誰もが納得するでしょうが、最も創造的で実行力のある文化（目標達成志向、信頼）を持つチームは、最も機能停止が少なく、最も高いパフォーマンスを実現していました。（私はこの魅力的な本を強くお勧めします。）

　信頼は非常に重要です。信頼のある環境を培うことは、マネジャーにとって最優先事項であるべきです。なぜでしょうか？　なぜなら信頼は次の事項の基礎となるものだからです。

▪ **お互いの話を傾聴する**

　対立は必ずしも悪いことではありません。最適な計画と結果を導き出すためには、ときに健全な議論が必要です。これができるのは、グループ内やチームのメンバー間で信頼がある場合のみです。

▪ **間違いの中に人間らしさを見つける**

　私たちは、起きている時間の大部分を仕事に費やしています。そのすべての時間と労力を通して、何も間違えないという人はいないでしょう。もし、グループ内でお互いに信頼があれば、失敗から立ち直り、その事実を認めて学び、さらに先に進めます。そこでは、人の間違いを貶したり、攻撃の道具にしたりしません。また、自分の間違いについて自己防衛的になったり責任転嫁したりするのではなく、間違いに対して謙虚になり、そこから学びます。信頼はこれらすべてに役立つのです。

▪ **創造性**

　信頼が欠如していると、息が詰まります。いつも監視されているように感じている状態では、創造的であることは不可能です。信頼と幸せ

は実のところ、創造性を支え、発展させます。仕事にとって非常に好都合なのです。これは、後ほど詳しく説明します。

- 私たちの仕事をもっと楽しめるものにする
自分らしくいられ、冗談を言い合えるような信頼できるグループに属している職場環境は、私たちに一体感をもたらしてくれます。そうした信頼がなければ、その職場に留まるのは難しくなります。反対に、信頼があれば従業員を引き留められるのです。

では、どうすれば信頼を構築できるのでしょうか？

弱みのモデリング

　私にはこんな仮説があります。スパイダーマンの映画はどんどん評価が良くなっているのに、バットマンの映画の評価は悪くなっているのは、弱みをモデリング[4]しているからだという仮説です。マーベルはスパイダーマンの弱点を隠さず、物語の一部として取り入れています。スパイダーマンは深い共感を得ていますが、それは彼のキャラクターが完璧ではないからです。バットマンはそれとは対照的に、私たちが理解したり共感したりできるような人物像からどんどん遠ざかっているように見えます。そのせいでバットマンの映画をあんなにも暗く作らなくてはいけなかったのでしょう。バットマンの表面下に魅力的な何かがあることを示唆する唯一の方法だったのだと思います。実際には、その暗さのせいで目を凝らすだけなのですが。

　弱みのモデリングは簡単ではありません。自分が弱いと思われるので

---

[4] 訳注：弱さを見せることで手本を示すこと。たとえば、失敗、間違い、理解不足を素直に認めて示すこと。

はないかと感じるからです。実際、それには大変な勇気が必要ですが、他の人の勇気も鼓舞できます。

　私がこれを何度も言っていることにお気づきかもしれません。**リーダーとしてあなたが最初に行動しないといけません。**あなたは自ら信頼に値することを示すと同時に、他人を信頼することも必要です。これは、チーム内では弱みを見せても大丈夫なことを意味します。また、チームの幸せを気にかけていることを、その理由も含めて、言葉と行動で示すことを意味します。一部の人は、マネジメントは覚悟と権限による鋼鉄の要塞のようだと思っているようですが、私はあまりそう思いません。

　たとえば、何かがうまくいっていないとしましょう。いつも完璧な様子を見せる上司と、自分の過ちを認める上司のどちらと問題解決に向かいたいと思いますか？　実際のところ、自分のチームメンバーに、あなたも一人の人間であると知ってもらう必要があります。問題を把握していなければそれを解決できません。問題を伝えてもらう余地を作らなければ、誰も起こった問題を教えてくれないでしょう。

　あなたはマネジャーなのです。チームの力学上、チームの中で最初に弱さをさらけ出すのがいちばん簡単なのはあなたです。たとえば、今日はツイてなかったとか、わからないことがあるとか、間違えてしまったなどの弱みを認めて示せばよいのです。常にそうする必要はありませんが、少しは役に立ちます。

　もしあなたがテクノロジー業界で過小評価されているマイノリティだとしたら、厳しい状況もあるでしょう。自分がおかした過ちを認めることを、謙遜と捉える人もいれば、失敗と捉える人もいます。私自身、自分の弱みを認めることに苦労しています。テクノロジー業界に身を置く女性として、弱さを見せれば能力がないと判断されてしまうのではないかと考えてしまうのです。男性の同僚なら謙遜と受け取られる行動も、私が行えば、無能と受け取られかねません。この力学は内集団と外集団があるところには、どこにでも存在します。たとえば、人種、社会的地

位、障がいの有無などです。

　弱みのモデリングが複雑であることを認めます。置かれた状況を考慮した上で、見極めてください。すべての人が同じ土俵に立っているわけではないのです。場合によっては、行動を起こす前に場の空気を読んだり、うまくいかなかった場合に備えて、自分に精神的な余裕があるかどうか確認したりする必要があるかもしれません。ここでは自分の経験を頼りにしてください。人それぞれですから。

個人の信頼

　誰かと個人的な信頼を築くための、唯一の「正しい」方法はありません。絆を構築する方法は非常に多岐にわたります。前の章で述べた価値観についてのいくつかの点や、後の1on1の章で詳しく述べる方法も活用できるでしょう。

　残念ながら、人は表紙で本の良し悪しを判断することが苦手です。人物についても同様でしょう。私たちは元来、類似点を多く持つ人に惹きつけられやすいものなのです。とはいえ、リーダーとしての役割では、相手が自分とどれほど似ていようがいまいが、つながりを持つために最大限努力しなくてはいけません。

　出会う人すべてが何かしら得意なことを持っていて、それを学べるのは幸運なことだと、私はよく自分に言い聞かせています。誰もが豊富な経験と知識を持っています。その人と時間を共に過ごす中で、少しでも学び、成長できることに感謝しています。学びは私の価値観の一つなのです。

　2010年のマティアス・R・ミール氏らによる研究「幸福の盗み聞き：幸福は世間話の少なさと実質的な会話の多さに関係している（Eavesdropping on Happiness: Well-Being is Related to Having Less Small Talk and More Substantive Conversations）」によると、会話の

深さと個人間のつながりには有意な相関があることがわかりました。世間話は努めてやめるようにして、本当に興味のある話題に入った方が、人は信頼をより早く築く傾向があるということです。

　出会ったばかりで深い話をするのは怖いと感じるかもしれませんが、この研究は世間話が人にとって非常にはかないものであることを示しています。一方で、まだ相手のことを密接に知らなかったとしても、より実質的な会話に踏み込むことで、重要な信頼関係を築くことができ、両者にとって気持ちが晴れるものとなります。ただし、非常にプライベートなことを深く掘り下げると、人によっては不快になるかもしれません。そのため、掘り下げるときは時間をかけて慎重に進めてください。

　ユーモアもまた、信頼を構築する方法ですが、同時によく見落とされるものでもあります。もし誰かと一緒に笑い合えれば、お互いの弱みを見せ合うことがずっと簡単になるでしょう。私は、自分のチームメンバーにひどいダジャレを言うたびに、自分を励ますためにいつもこのことを思い出しています。

　ところで、UXデベロッパーがかけている眼鏡のことって話しましたっけ？　ワイヤーフレームなんですよ！[5]　今の、わかりましたか？

　さて、先に進みましょう……

過去にひどい目にあった人を支援したい場合……

　たとえば、自分のチームに前の職場でひどく扱われていた人がいるとしましょう。そのような人は、あなたが心から彼らのことをいちばんに考えているとしても、すぐには信頼してくれないでしょう。なぜでしょうか？

　彼らを支援して、信頼を築くためには、次に述べるような方法があります。

---

[5] 訳注：Webサイトの大まかな設計のことをワイヤーフレームと呼ぶ。

- 今の状態について尋ね、真摯に耳を傾けましょう。日々の仕事の調子や、うまくいっていること、彼らの目標、価値観、そしてチームで改善すべきことを聞きます。

- 前の章で述べた価値観について考えてみてください。

彼らの価値観は何ですか？　どういった個人的背景で仕事をしているのでしょうか？　彼らの価値観は、チームの価値観や組織全体の価値観、自分の仕事とどのように一致しているでしょうか？　そしてどのように一致していないのでしょうか？

- その人が持つ資質を見出し、それを評価していることを伝えましょう。誰もが何かしらの強みをもっています。彼らがうまくできていることに着目しましょう。個人がきちんと見てもらえていない、あるいは評価されていないと感じているときに、信頼が築けなかったり、ズレが生じていたりするかもしれません。

- フィードバックを求めましょう。立場に上下関係がある場合、上司がどうやったらよりうまく支援できるか、本人からは率直に言い出せないかもしれません。ここでもまた、あなたはリーダーとして自分から動きましょう。あなた自身の弱さを見せることは、彼らの心の障壁を下げるのに役立つかもしれません。ここで注意点があります。フィードバックを求めるのは、自己防衛的にならずに対処できる精神状態のときだけにしてください（これは後でもう少し詳しく説明します）。

- 同僚とのやり取りに注目してみましょう。物ごとはうまく進んでいますか？　関係が途切れているところはありますか？　意思疎通ができていないところはありますか？　往々にして、人は逆境を経験すると、

壁を作り防衛的になります。進化論的に言うと、再び逆境に見舞われないように自己防衛的になることは正しいことです。しかし、以前に逆境があったことを知らない同僚にとっては、ときにはその振る舞いがとげとげしく感じられるかもしれません。そのことに、彼らはもしかしたら気づいていないかもしれません。私自身もそのような経験があり、信頼できる人に指摘してもらう必要がありました。

- **より大きなアクションとして、その人の周囲に存在するズレを和らげるために、プロセスの変更やズレの修正に取り組んでみましょう。**その人自身にとって重要性を感じないプロジェクトで働きすぎていませんか？　もしそうなら、時間を再配分してもよいかもしれません。彼らが取り組んでいる仕事に明確さが欠けていませんか？　もしそうなら、その仕事をより明確にできませんか？　これらの行動そのものが信頼構築につながります。なぜなら、彼らの幸せを気にかけていることを、言葉ではなく行動で示しているからです。

- ベン図を考えてみてください。一つ目の円が、ある人が興味を持っていることを表し、もう一つの円は会社が彼らにやって欲しいタスクを表しています。彼らの仕事の大半が、ベン図の中心（重なっている部分）に入っていますか？　もし入っていないなら、中心に入るように手伝えることはありませんか？

- 彼らの幸せを本当に気にかけていることを強調しましょう。また、彼らがサポートを受けていると感じていること自体が、あなたにとって重要であることを伝えましょう。

- もし彼らの仕事を少しでも変える必要があるのなら、その理由を伝えましょう。たとえば、次のように伝えましょう。「このプロジェクト

に移ってもらえれば、よりあなたにとって意義のある仕事ができるし、忙しさも減ると考えています。あなたが本当に力を発揮できる役割に就いて欲しいと思っています」

　これらは信頼を構築するための数あるアプローチの一つに過ぎません。肝心なのは、あなたにとって信頼構築が重要であることです。こちら側から努力しなければなりません。

　何よりもまず、価値観と境界線の話を思い出してください。その人にはどのような背景がありますか？　その人がサポートされていると感じるためには、どのような境界線が必要ですか？　チームで、その人の価値観が尊重されていますか？　それともズレがありますか？　相互理解に取り組まなければ、信頼構築は困難です。

　これには事前準備がかなり必要でしょう。しかし、この取り組みを終えれば通常、チームからあなたへの要求が徐々に減ります。そのため、最初の信頼構築や状態の修復が、ずっと続くわけではありません。少しの行動で、チームは滞りなく仕事を進められるようになるでしょう。信頼を築くための方法の中には、チーム全体の効果を高め、より連携を円滑にするものもあります。

　誰かが活躍する姿を見るのが、どれほど報われることであるか、とても言い表せません！　過去につらい思いを経験してきた人たちに関しては特にそう思います。

チームの信頼

　以前、私は勤勉で知性に溢れる素晴らしい人たちが集まるチームを任されました。ただ残念なことに、彼らはまだ仲間内で本当の信頼関係を築けていませんでした。お互いを嫌い合っていたわけではありません。彼らがお互いを尊重しているのは明らかでした。ただ、彼らの間には少

し壁があったのです。この壁のせいで、小さな問題が生じても、お互い
それを伝えるのを遠慮していたのです。その結果、問題はただ……先送
りにされていました。

　あなたと各メンバーの間だけでなく、チームメンバー同士の信頼をど
うすれば築けるのでしょうか？

　一つの方法は、すぐには明確にわからないかもしれませんが、チーム
メンバー同士が信頼構築をどのように避けているかに注目することです。
それを評価するために、信頼関係のあるチームの特徴を見ていきましょ
う。

- お互いに気兼ねなく、率直に問題提起できます。
- お互いに個人的なことを共有しています。調子が悪い日には、他の
  チームメンバーにそれを明かしています。他のチームメンバーにとっ
  てそれは、大きな負担ではありません。
- 良い結果を出すためにお互いに議論できます。
- お互いのニーズに柔軟に対応できます。

　信頼関係のあるチームの特徴がわかったところで、今度は信頼関係の
ないチームがどのように見えるか考えてみましょう。

- 問題が起きたら、チームメンバーにではなく、あなたに個別に伝えに
  きます。
- 閉鎖的であり、お互いのことをあまりよく知りません。大変な目に
  あっていても、気軽にそれを明かせません。だから、状況が悪化して
  も、誰もそれまでの経緯を把握していません。
- 問題が提起されると、すぐに議論が打ち切られます。そのため、誰で
  あっても最初に話した人が「勝つ」という状態になります。
- グループに確認することなく、主に自分のニーズについて考えています。

良いニュースは、あなたには今、前に進むための道があるということです！　こういった振る舞いを見たら、問題をあなた一人のところに持ち込む代わりにチームミーティングで提示するように促したり、チームメンバー同士の1on1を設けたりして、チームを良い方向へと優しく導いてください。次のように宣言してもよいでしょう。

　「うまく一緒に仕事をしていけるように、グループ内でもう少し信頼関係を構築しようと思っています。みんなでこれに取り組んでみましょう」

　次の章では、みんなが最善を尽くせるように支援を受けていると感じられる環境を作る上で、社会的なつながりが果たす役割について説明します。

毎週のチームの時間

　私が何度も目にしてきた間違いの一つは、マネジャーがチームとミーティングを開かないことです。わかります。エンジニアリングチームは……エンジニアリングの仕事をするのが好きなのです。ミーティングが多いことを喜ぶ人はいません。しかし、グループで集まって過ごす時間には価値があります。チームは定期的にお互いに顔をあわせる必要があります。仕事についてじっくり話したり、問題について議論したり、そして少しばかりの雑談も必要です。職場で顔を合わせないメンバーがいるリモートワークのチームは、特にそうです。しかし、リモートであろうとなかろうと、チームメンバーがお互いに会える機会を設けることが必要です。フェスティンガー、シャクター、バックらによる『日常的なグループ内の社会的圧力：共同住宅での人的要因の研究（Social Pressures in Informal Groups: A Study of Human Factors in Housing）』では、アパートの住民間の交友関係について調べており、近接性と接触が、お互いの信頼関係の形成に貢献していることがわかりました。人は、

自分と共通点が多い人を好む傾向にあります。たとえ、表面上はすぐに明らかでなかったとしても、一緒に過ごす時間が長いほど、類似点も多く見つかるでしょう。

チーム内の信頼構築

チームメンバーがあなたとは個人的に信頼関係を築くことがあっても、お互いの間では信頼関係を築かないことがあります。誰かと信頼を構築できることは素晴らしいことですが、あなたの仕事はチーム全体の士気を高めることです。もしあなただけを信頼しているチームを作ってしまったら、そのチームはあなたなしではうまくいかないし、あなたが関与していないシステムを作れなくなります。

たとえば、チームのメンバーの一人が、グループや同僚に影響する問題を抱えているとしましょう。最初に提案できることは、週次のミーティングでこの問題を提起して、オープンな議論を促すことです。サポートのためにあなたが同席することを強調するだけでなく、その理由もあわせて伝えることが大切です。健全なチームになるためには、チームメンバーが直接お互いにコミュニケーションがとれる筋力をつける必要があります。水面下で問題に対処する、あるいはそもそもまったく対処しない代わりに、生産的な議論に踏み込む力をつける必要があるのです。

最初は、会話の一部をオープンにすることに抵抗があるかもしれませんが、徐々に楽になります。マネジャーはこのような議論を促すべきです（詳しくは「14章 対立のマネジメント」で）。

チームに信頼を築くための全般的な提案は次のとおりです。

- グループの規模によりますが、週2回のスタンドアップミーティングが生産的かもしれません。私がマネジメントしたグループには、スタ

ンドアップミーティングでカンバンボードを使って話し合うグループや、スタンドアップミーティングの内容を変えて、問題の優先順位づけに使うグループや議論のために使うグループがありました。自分のチームに合った内容にしてください。ただし、チームの一体感を養うため定期的な頻度でミーティングを設けることをお勧めします。

• **雑談を促しましょう。**ミーティング全体をただの雑談で終わらせるのは恐らく賢明でないでしょう。しかし、自然な会話は、孤立感を減らすためにとても効果的です。

• **できれば、くだらない冗談を言いましょう。**ユーモアは驚くほど絆の強化につながります。冗談を言い合えるようなチームでは、たいていの場合、間違いを認めたり感情を害さずに異を唱えたりしやすいです。それに、仕事がより楽しくなります。

チームだけのスペース

考えてみてください。同僚と直接顔を合わせるような職場で働いているとして、チームでランチに行くとしたら、会社の全員を連れて行くわけではありませんよね？　チームだけで雑談をする時間と場所を持っているわけです。**もし会社全体に自分たちが監視されていると感じていたら、心理的安全性の獲得は難しいでしょう。チームだけの時間と場所によって、心理的安全性が生まれます。**この心理的安全性が信頼ある雰囲気を築くために重要です。

話し合うことで解決できるような大したことのない対立や問題が、チーム内で持ち上がることがあります。もしチームメンバーがこういった対立や問題を公の場で話そうとすると、チームに大きな支障をきたしかねません。突然、無関係な他のグループの誰かや地位の高い誰かが、

決断に影響を与えるために「介入」してくるかもしれません。

　このような状況下では、グループ内で最も内気な人の意見を聞く機会を失ってしまうでしょう。私が今あなたに伝えられることは、内気な人というのは、見落としたくない鋭い観察力をしばしば持っているということです。しかもこの種のオープンな場での議論は、チームの包括感、信頼感、そして自律性を阻害します。

　もちろん、時と場所によっては、オープンな場で会話をすることもあります。私はオープンなコミュニケーションや書面での記録をすべてやめなさい、と言っているわけではありません。オープンな会話と、チームメンバーが少しリラックスできる場所とのバランスをとることが良い方法だと言いたいのです。個人的には、チームのためのプライベートチャットグループを作ることをお勧めします。すべての雑談やチャットをオープンにしたがる企業もたくさんありますが、私は多くのリモートチームをマネジメントしてきた経験から、チームが自分たちだけの場所を持つことが重要だと考えるようになりました。

　チームチャットを始めたばかりの頃は、しばらくの間、話しているのは自分だけかもしれません。気まずい感じですね。しかし、すぐ終わります。約束します。前にも述べたように、あなたが先陣を切らなければなりません。私は、軽い感じで物ごとを始める傾向があります。たとえば、馬鹿らしいネットミームを使ったり、あちこちで「良い週末を！（Have a great weekend!）」と書き込んだり、チームの小さな勝利や個人の頑張りを称えたりします。しばらくすると、他のメンバーが追随し始めます。

　私は以前、お互いにあまりチャットをしていなかったチームを引き継ぎました。チャットチャンネルを開設してみましたが、しばらくの間は私だけでした（これはいつものことです）。徐々に、チーム内でチャットし始めるようになりました。お互いを称えたり、冗談を言ったりしながら、問題に取り組み始めたのです。ある晩は特に、私が静かにしてい

る間に、彼らは何時間も冗談を言い合っていました。

　その夜、私は歓喜のあまり、キッチンで踊りました。ほら、マネジメントでは、勝利は奇妙な形で起こり得るのです。私たちは、そういうときに勝利を手にするのです。

chapter

4

自分のチームは「彼ら」ではなく「私たち」

　チームが成果を出している優れたマネジャーには、共通点がいくつか
あることに気づきました。また、分布の反対側にいるマネジャー、つま
りチームが成果を出していないマネジャーにも共通点がいくつかありま
す。これは、マネジャーが自分のチームを語る方法に表れます。

　マネジャーによるチームの語り方によって、ステークホルダー、同僚、
チーム自体、そして自身にもシグナルが送られます。チームや仕事ぶり
について語る言葉によって、信頼を築くこともあれば、壊すこともあり
ます。リーダーとして説明責任を持ち、自分の過ちを認めるには、弱さ
をさらけ出す勇気が必要です。自分のチームをどのように語るかに注意
を払うことは、信頼関係と自分の弱さを見せる勇気を実践で活用する方
法の一つなのです。

　マネジャーは、常に状況をコントロールしていると考えられることが
あります。そのコントロール感は、自分がチームを監督しているように
思えることや、マネジャー自身の能力やパフォーマンスを反映したもの

45

かもしれません。しかし、「どれほどコントロールできているか」という他者からの評価を気にするあまり、悪意はなくとも、恐れや慎重さから好ましくない行動が引き起こされることがあります。こういった理由で、成功を自分の手柄にして失敗の責任を回避したいという誘惑に駆られるかもしれません。

皮肉なことに、このような外部からのイメージを保ち続けようとするほど、そのイメージは滑り落ちていくのです。なぜでしょうか？ **それは、マネジャーとして解決し続けている問題は、実のところ「あなた自身のもの」ではないからです。**

あなたのチームは「私たち」です。 組織内の序列でどれだけ地位が高かろうと、あなたはチームの原動力なのです。チームで何が起きようと、それはあなたの責任です。チームについて語るときは、発言に自身を含めてください。

とはいえ、チームが何かで成功したときは、チームのメンバーを褒め、あなた自身は除いてください。あなた自身を含めないことにより、チームがそれに値する評価を受けられます。自分を含めてしまうと、自尊心を高めるために話を誇張していると受け取られかねません（しかもそれにより、チームの働きへの評価が下がってしまうかもしれません）。

一例を示しましょう。

「彼らはスケジュールが非常にタイトだったにも関わらず、プロジェクトを成功に導いてくれました。プロジェクト全体を通して意欲的に取り組み、素晴らしい仕事ぶりでした」

しかしあなたには、プロジェクトの成功に向けて相応しいチームを組織する責任があります。だから、もしチームが何かで失敗したら、そのときの主語は「私」になります。

「私はこのスケジュールの厳しさを認識できておらず、チームの時間の優先付けを誤りました。みんなでもう一度集まって、計画を考え直す必要があります」

そこでは決して、「彼ら」と言ってはいけません。たとえば、次のようにです。

「彼らはタイトなスケジュールを守れませんでした。ただ期間内にプロジェクト完了できなかったのです」

最後の例で、責任をどのように人に押し付けているかわかったと思います。あまりにも頻繁に、窮地に立たされたマネジャーが責務から逃れるのを耳にしますが、本当はそういうときこそマネジャーは前に立ち、**自らの責任**である問題に取り掛からなくてはいけません。

より広範囲の組織

他に考慮すべき要素は、チームの運営方法への影響です。あなたの仕事は、あなたのチームの広報ではありません。他のすべてのグループを切り離して考えることはできません。あなたはより大きな組織の一部なのです。企業は複数のグループから構成されますが、それらのグループは共に働いてこそ成功できるのであり、いかなる犠牲を払っても自分たちのグループだけを守ればいいという訳ではありません。

Netlifyでの同僚であるダリア・ヘイヴンズに勧められてパトリック・レンシオーニ氏著の素晴らしい本である『ザ・アドバンテージ：なぜあの会社はブレないのか?』（翔泳社）を読むまで、私はこの重要性を完全には理解していませんでした。レンシオーニ氏は組織の（「賢さ」でなく）健全性は、成功への最も大きな鍵だと記しています。実際、多くの賢明な人が良いアイデアを携えて企業を設立し、失敗するのを見てきました。**組織の健全性は、互いに協力して働けることにかかっています。**

そう、リーダーシップチームも同様

基本的に、企業内のすべてのグループは、企業全体の中のパーツです。

リーダーシップチームも同様に一つのチームであり、これもまた自分の
チームとして扱うべきです。だから、リーダーシップチームについて話
すときの語り方も等しく重要です。

　そのため、いかなるグループの成功や失敗について話すときも、どの
ようにチームを言及するかをつねに意識していてください。共通の目標
に向かって共に働いていて、すべてのグループが全体の成功のために貢
献しているという感覚があるはずです。組織全体が力を最大限発揮でき
るようにするためには、リーダーシップチーム内でも信頼と弱さを見せ
あえる関係性が必要でしょう。

　私が伝えたいことがわかってきたかと思います。リーダーシップチー
ムについて話すときも、主語は**「私たち」**です。同僚や上司と会議で決
定したことに対してあなた自身が賛成でない場合でも、「彼らが（自分は
賛成ではない何かを）決めたんです」とは言ってはいけません。あなた
はそこにいたのですから、理想論的に言えばあなたもその決定に加わっ
ていたはずです。だから、そのチームについて話すときに「私たち」と
表現することは、自分がマネジメントしているチームの場合と同様に重
要なのです。**なぜでしょうか？　なぜなら、マネジャーとしての私たち
の仕事は、バランスと明確さをできる限り作り出すよう努めることだか
らです。**

　マネジャーが、リーダーシップチームに属していないかのように話し
たり、そこで起こったことに対して責任を取らないように話したりした
ら、チームは混乱し方向性を見失うでしょう。あなたの直属の部下は、
リーダーシップのレベルで変化をもたらすことはできません。だから、
もしあなたがリーダーシップチームへの関与を放棄したら、自分のチー
ムを落胆させ、会社全体への信頼を失わせかねません。他のチームやそ
の取り組みを悪者扱いする風潮が生まれ、それは（すでに述べたとおり）
非常に不健全です。

　「私たち」と言うことは、自分のチームに対して、自分が一端を担っ

ているリーダーシップの説明責任を負うことであり、それがあるべき姿です。もしリーダーらが向かっている方向性に対して自分のチームメンバーらが懸念を持っているなら、橋渡し役として、コミュニケーションをとり次のステップへと主導することもあなたの責任です。

　しかし、特定の状況では、リーダーシップチームの決定を守ることが適切ではないかもしれません。もしリーダーシップチームの決定が、あなたの核となる価値観に極めて反する場合、それは断固として戦うべきときです。このような状況は、理想としては稀であるべきです。頻繁にあるならば、残念ながら他の組織での職を探す必要があるかもしれません。

　これを実践するとどうなるか、リーダーレベルでの決定を直属の部下に伝える例を使って説明しましょう。

　「リーダーシップチームによって、この四半期で少なくとも３つの機能をリリースする必要があると決まりました。だから、その実現方法を考えなければならないようです」

　これに対して、

　「この四半期での重要なOKR（目標と主要な結果）のうちの一つは、企業としてプラットフォームの登録者数を倍増させることです。計算した結果、３つの機能をリリースすれば、ほぼ確実にそれを達成できることがわかりました。そこで、その実現に向けてできることをチーム内で話し合いましょう。もし興味があれば、この目標達成に向けた他のグループの取り組みについても一緒に話し合いましょう」

　最初の例は単に受動的であるだけではなく、やる気も失わせるものです。私自身、部下に好かれたい、（同じ階層の）同僚のように思われたいという思いから、この誤った言い回しを使ってしまったことがあります。しかし、私たちは（同じ階層の）同僚ではありません。むしろ、彼らに対して責任を負っているのです。

　二つ目のアプローチでは、決定の背景にある理由も説明していること

にも注目してください。決定に対して自分も責任を取らなくてはいけないときのほうが、部下にも背景にある理由を理解してもらいたいのです。これは、自分のチームの士気を上げるためにも非常に良いことであり、間違いなくあなたの最も重要な仕事の一つです！　二つ目のアプローチの最後の一文は、議論のきっかけを作っています。自分がこの決定に当事者意識を持っているからこそ、パズルの他のピースについて知ることも自分の仕事だと認識し、自分のチームと一緒に掘り下げていく意欲を示しているのです。

もし間違えてしまったら？

　間違えない人なんていません！　マネジメントは困難なこともあり、いつも完璧でいるなんて不可能です。私自身もたくさん失敗してきました。失敗を自分や他人を叩く棒と考えるのではなく、より良い職場環境を促進するために必要な、今後できるだけ注意深くなるための教訓と捉えてください。

　もしミーティング中に間違いに気づいた場合は、撤回して明確に説明し、問題に立ち返って責任を取ることができます。もし、話題がすでに変わっていたら、次のステップについて話すタイミングで対処してもよいでしょう。うまくいかなかった状況では、最終的に責任を負うのは自分であり、結果に対して責任を取るのは自分であることを明確にしておきましょう。

　こうした場面で真のリーダーとして責任を取るかどうかは、チーム、同僚、そしてステークホルダーとのコミュニケーションで伝わります。問題に謙虚に取り組み、協力して改善したいという意思があるかどうかも伝わっていくものです。謙虚さは、組織を率いていくための強力な要素です。

幸せとやる気の
原動力

　私たちのチームが取り組んでいたプロジェクトでは、特定のサービスで変換処理を完了したときに通知してくれる宇宙ハムスターのアニメーションのボットを設定していました（どんなチームも宇宙ハムスターのボットを導入する必要がありますから）。大規模なリリースの前夜、チームの誰かがそのサービスに何千もの呼び出しを生成する変更を反映してしまい、そのサービスがDDoSの攻撃のターゲットになったと誤解されて、私たちのアクセスが遮断されてしまいました。何百もの宇宙ハムスターが私たちのコミュニケーションチャンネルに現れて、「なんてこった！」とか「やっちまった！」などの悲鳴が断続的に私たちのチームに飛び交いました。

　リリースまでに残された時間はほんのわずかなのに、すべてが壊れていました。

　このような状況では、多くの人がパニックになり、お互いを責め合いかねません。しかし、私たちはその代わりに、笑い合いながら、チャッ

トや呼び出しに応え、問題を修復して進み続けました。その日ほど自分のチームを誇りに思ったことはありませんでした。彼らの対応は素晴らしかったのです。このような対応は私たちが協力し、復旧し、改善していく上で大きな違いを生み出します。

　チームのメンバー全員が自分の力を最大限に発揮できていると感じられたら、素晴らしいと思いませんか？　できれば認知的負荷を避けて、ぶら下げられたニンジンを重い足取りで追いかけるのではなく、内発的動機によって仕事を完了させていると感じられたらどうでしょう？　エンジニアリングマネジャーとしての私たちの仕事は、みんなが自分の力を最大限に発揮できると感じることのできる環境を作ることなのです。

　チームの文化と士気を良い状態に保つことは、あなたの責任の中でも大事な部分です。

　私は長い間、仕事での幸せは単なる「あったら嬉しい」ものではないと思ってきました。長年の経験から、良いときも大変なときも、喜びやユーモアを共に分かち合えるチームが、最も生産的であることに気付いていました。ダニエル・ピンクによる『モチベーション3.0 持続する「やる気！」をいかに引き出すか』（講談社）やショーン・エイカーによる『幸福優位７つの法則　仕事も人生も充実させるハーバード式最新成功理論』（徳間書店）を読んで初めて、この観察に科学的裏付けがあることを知り、私はとても興奮したものです。仕事での幸福は「ヒッピー」的な概念ではありません。会社の収益にも関係してくるのです。

有害な楽観主義と偽りの調和

「元気を出して、頑張り屋さん！　そんなに悪くないよ！」

　あなたが本気で悲しんだり怒っているときに、こんな上辺だけの励ましの言葉をかけられることほど嫌なことはあるでしょうか？　多分ないでしょう。

図1 悲しい時でもお互いを好きでいられる恐竜たち。
（@dinosandcomics の許可を得て使用）
・左上のコマ：「悲しいんだ。」
・右上のコマ：「ごめんね、でもそばにいるよ」
・左下のコマ：「元気出せ、って言わないの？ みんないつもそう言うけど。」
・右下のコマ：「言わないよ。君が悲しんでいても、君のことが好きだよ。」

　この本で私が言っている「幸せ」とは、物事がうまくいっていないの
に、微笑んで「問題ないよ！」と言ってもらえることではありません。
落ち込んでいることを正直に表したとしても、周りの人とつながってい
られるのです。本当のことを話せるだけの安心感と信頼があるので、笑
いたいときに笑えばよいのです。無理に笑う必要はありません。あなた

のあらゆる感情を受け止めてくれる人に囲まれている状態です。

　そんな信頼と弱さをさらけ出すことで培われたチームの一員であることで得られる不思議な幸せの形があります。しかし、これは話のほんの一部です。

フローと目的

　夫が公園でプロポーズするために、私を家から連れ出すのに5時間かかりました。

　私はコーディングのプロジェクトに没頭していて、「あと5分！」と何時間も叫び続けていました。しかし実際には、あと5分で終わるようなプロジェクトではありませんでした。かわいそうに、夫はシャンパンをバッグに入れていたのですが、私が動かないと気づくたびに、冷蔵庫に戻さなければなりませんでした。

　その日、公園で夫が何を考えているかまったくわかりませんでした。私は作業に没頭しすぎていて、夫がいつもより緊張していることも、ちょっとしたお出かけなのに大きなバッグを用意していることにも気付きませんでした。

　私はフロー状態に入っていたのです。私はコーディングが大好きで、プロジェクトに取り組み始めると、抜け出すのが実に難しいのです。

　あなたは、最後に何かの作業に没頭していたのはいつだったか、思い出せますか？　時間も空間も、自身すらも忘れてしまった瞬間のことです。これをフロー状態と呼ぶ人もいます。自分の作業に夢中になり、必要なツールがなんでもすぐ手に入り、自分の作り上げるものが自分よりも大きいと感じる瞬間です。目的意識が、脳内で最優先されている状態です。私がチームに願い、育てようとしているものがこの自律性と熟達感です。このような生産的な働き方で自分の仕事に取り組めると、私自身大きな喜びを感じるというのが、その理由の一部です。

　1975年に心理学者のミハイ・チクセントミハイが命名したフロー状態とは、人が完全に活動に没頭し、集中し、活き活きと関わり、喜びをもたらす現象のことです。フロー状態にある人は、複数のことをあれこれ考えたり、自意識にさえとらわれたりせず、ただ一つの作業や課題に集中しています。多くの人が、人生で最も幸せな感覚だと報告しています。

　フロー状態のもう一つの素晴らしい利点は、不満への耐性が高まることです。このことは、情熱に関する議論でよく耳にする懸念に回帰します。つまり、困難な状況になったときに、どうやってそれを続けるか、ということです。フロー状態に入ると、通常であれば不安や負担と知覚されるような障壁が別の形で認識され、その課題を乗り越えるための意志が強まります。

　そこで質問です。あなたのチームのメンバーは、いつこのような目的意識を感じているでしょうか？　どんな仕事によってフロー状態になるでしょうか？　部下のフロー状態はマネジャーによるものということでしょうか？　そうとも言えるかもしれません。

　マネジャーとして、私たちは実際には部下のフロー状態を作り出すことはできません。フロー状態に入れるかどうかは個人次第です。しかし、マネジャーとして、フロー状態ができる限り存在する環境を作るべきです。エンジニアが仕事でフロー状態に入るためには、いくつかの条件を満たす必要があります。

- 仕事の基本的な前提条件の認識が合っていること
- 仕事は困難だが、不可能ではないこと
- 同僚やチームと一体感があり、一緒に何かを作っている、お互いを支え合っていると感じられること。自分の道徳的な価値観が、目の前の仕事と矛盾していないこと
- 尊重されていると感じられること

- 作業に対して公平でかつタイムリーなフィードバックを受けられること。これは必ずしも人によるフィードバックである必要はありません。コンパイル成功、テスト成功、プルリクエストの承認といった形式でも構いません
- 作業を完了して、会社のために頑張った結果として、公平な給与、ボーナス、昇進、昇給が得られること
- 仕事をしているときに自意識を忘れる感覚があること。社内政治や正しさのためではなく、タスクのために何かをしていること。最良の結果を得るために最高の仕事をしていること。そのため、自分のエゴよりも継続的な改善を重視していること
- 自分と自分のしている仕事がみんなに信頼されていると感じられること

ほとんど気が散ることなくフロー状態に入れる環境を整えられれば、自分の仕事に多くある不必要な摩擦を取り除けます。またフロー状態に入れる人は、自分以外の視点からも物ごとを見られるようになります。

自分の率いているチームに、成果を生み出すための自律性があると信頼できますか？ 専門性があるからこそ、彼らを雇ったのです。その力を発揮できるようにする方法はありますか？

結局のところ、幸せでやる気のあるチームは、自分の仕事に大きな目的を見出しており、個々の作業を遂行する力もあると感じています。うまくできたときは、できるだけ早くチームメンバーを褒めたたえることを忘れないでください。エンジニアリングは大変です。ゴールラインのそばにいて、彼らを応援することが大切なのです。

達成と報酬

自分の仕事にやりがいを見出している人に対して、マネジャーはどの

ように報酬を取り入れるべきでしょうか？　創造的な問題解決が求められる仕事の性質上、ニンジンをぶら下げるような報酬は必ずしも生産的ではありません。

内発的動機づけと外発的動機づけ

ここで少し、動機づけについて話しましょう。仕事に完全に没頭していて、他のことが吹き飛んでしまったとき、その出来事に共通しているものは何でしょうか？

- 仕事は困難だが、不可能ではなかった
- 作業の目的にある程度は共感していた
- 外部からの影響や報酬にかかわらず、仕事を行っていた
- 仕事をすること自体が報酬であった

近年、内発的報酬と外発的報酬に関する研究が数多く行われています。内発的報酬とは、何かをすること自体が目的であるときに得られる報酬です。外発的報酬とは、外部からの評価を得るために作業を完了するときに得られる報酬です。『モチベーション3.0 持続する「やる気!」をいかに引き出すか』（講談社）では、それらの報酬を分けており、内発的な働き方や欲求によって動機づけされた人のほうが、長期的に見て生産性が高いことを示しています。

もちろん、これは本人の基本的なニーズが満たされているかどうかにかかっています。つまり公平に、多くの場合は平均以上の報酬が支払われていることが条件です。公平に報酬が支払われていない人は、フロー状態に入るのに苦労します。不公平感に苛まれ、作業に集中することが難しくなるのです。私はこれを何度も目にしてきました。マネジャーとしての私たちの義務の一部は、従業員が仕事に見合った公平な報酬を得られるように努力することです。そのためには、人事部門や他のステー

クホルダーと協力して、昇給や昇進のプロセスを理解する必要があるか
もしれません。

　次章以降では外発的報酬およびキャリアの進展と昇進をどう作り上げ
るか詳しく説明します。

社会的つながり

　ストレスフルな状況下では、私たちは普通、人間関係を培っていこう
とあまり思わないでしょう。しかし、ストレスの多い時に人とのつなが
りを感じるほどより幸せであり、ストレスの訴えも軽減されます。孤立
は実際に生産性を損なうことがあります。社会的つながりがあれば、仕
事関連のストレスから立ち直りやすくなります。同僚との強い絆があれ
ば、長時間の労働や困難な状況下でも、同僚との強い絆があれば、そも
そも仕事を仕事であると感じにくくなるとさえ言われています。

　ポジティブな社会的交流によってオキシトシンが分泌されると、不安
が和らぐ効果があります。社会的な支援によって、寿命が延びることさ
え示されています。

　インクルーシブな環境を作り上げることは、実のところ、かなり直接
的に素晴らしい仕事をすることにつながっています。これには、あなた
が近くにいないときでも、同僚同士の絆が強まるように促すことも含ま
れます。

　たとえば、キランが最近孤独を感じており、同僚とのつながりを感じ
ていないと言ったとしましょう。個人間の信頼関係を築く必要があるよ
うに思えるかもしれませんが、キランはチーム全員で信頼関係を築く必
要性を示唆しているかもしれません。もしかしたら、チーム全体でのオ
フサイトミーティングをする時期なのかもしれません。お互いを知るた
めに少し時間を使うのもよいでしょう。もちろん、リモートでも実施で
きます。オフサイトミーティングで私が行った活動のうち、効果的だっ

たものを紹介します。

- チームの全員に、自分が興味を持っている（仕事とは無関係の）もの
  について５分程度の短いプレゼンテーションをしてもらいます
- 脱出ゲームや他のゲームを楽しみます
- 価値観ワークショップをして、どのようにフィードバックを受け取り
  たいか話し合います
- 一緒に同じ食事をします。リモートであれば、事前に配達される冷凍
  食品を発注してもよいでしょう。チームで味や香りについて話す機会
  が得られます（食べ物の好みやアレルギーに注意してください）
- みんなに少し個人的なことを話してもらいます。たとえば、子供の頃、
  大きくなったら何になりたかったのか？ 超能力を持てるとしたら、
  どんな能力が欲しいか？ その理由は？ 成長する中でいちばんの課題
  だったことは？

　こうしたちょっとした活動が、チームメンバーの心を開き、お互いを
よく知るきっかけになることに驚かれるかもしれません。以前、私は
ハッピーアワーや交流会（必ずしもアルコールは含みません）を開催し
ていました。私自身、参加することもあれば、欠席することもありまし
た。たくさんのミーティングから離れて休憩が必要だったこともありま
すが、チームメンバー同士が自分たちで絆を深める時間と空間を持てる
ようにしたかったのです。

ピアプログラミングとモブプログラミング

　チームでのピアプログラミングや、より大人数で行うモブプログラミ
ングは、うまく行えば良いチームビルディングの活動になりますが、下
手に行うと悪影響を及ぼすことがあります。信頼、弱さを見せること、

やる気、幸福感を考えると、ピアあるいはモブプログラミングはチームがこれらすべての要素を養う手段になります。ピアあるいはモブプログラミングでは、チームメンバーの問題に対する考え方が共有されるだけでなく、成功と失敗も共有されます。

この方法で重要なのは、**誰よりも詳しいメンバーが忍耐強くあることです**。チームを導き、敬意を払い、親切でいられる人がいれば、警戒心を持たなくて済むオープンな環境を作り出せます。自尊心と仕事の成果とを切り離して考えられる人が、ペアでの取り組みをリードするのに適しています。重要なのは、自分を賢く見せることではなく、他者へのサポートに価値を見出す人を見つけることです。

ピアプログラミングとモブプログラミングは、**プロジェクトが0から1の状態（何もない状態から生産的な状態）に至るときに、チームの文脈を共有する**ことにも役立ちます。プロジェクトが発足して、アーキテクチャについて議論するときに、一緒に取り組んでおくと、その後のすべてのプルリクエストに役立ちます。最初からみんなで一緒に始めれば、驚かされることが減ります。コードレビューもすばやく進み、間接的な不満の表出や非協力的な行動も減り、意図を理解しようとして時間を無駄にすることもありません。チームが相互理解のもとに立ち上がるので、後続のプロセスにも継続するのです。

最後に、ピアプログラミングとモブプログラミングは、**リモートでのチームのつながりに役立ちます**。廊下や休憩所でお互いに顔を合わせていないと、顔を見る機会はミーティングのみになって、一日の大半を一人で黙々と作業して過ごすことになります。チームでハッピーアワーのような場を設けてバランスを取らなければ、ちょっと寂しく感じられるかもしれません。しかし、それでも協力する機会が少し足りません。ピアプログラミングとモブプログラミングによって、難題に一緒に取り組み、その過程でつながりを感じられるようになります。

ネガティブバイアス

マネジャーとして、チームメンバーの成果を保証することはできません。しかし、メンバーが安心して仕事に取り組み、気を散らすことなく、内発的な動機を持てるような環境を整えることはできます。

人間の脳にはネガティブバイアスがあります。これは悪いことのように思えますが、実際には進化の過程で備わった非常に強力な防衛の仕組みです。たとえばストーブで手をやけどすると、脳がその記憶を強く印象づけることで、同じ過ちを繰り返さないようにします。良い記憶と悪い記憶の両方の記憶があると、脳は自然と、悪い記憶をより頻繁に呼び起こします。やけどのような恐怖を感じたら、将来の危険を避けようとします。「よくやったね、自分の脳よ」というわけです。

しかし残念ながら、日々の仕事ではこのネガティブバイアスの仕組みはあまり役に立ちません。仕事で感じる恐怖のすべてが、生存や健康を脅かすわけではありません。もはや、捕食者から逃げ回る必要はないからです。

これが幸せとどう関係するのでしょうか？　あなたやチームメンバーが問題解決に取り組んでいるとき、脳は問題に関する脅威を、実態以上あるいは必要以上に分析して認識し続けてしまうかもしれません。

この現象を解くためには、自身やチームと共に先手を打つ必要があります。この取り組みは「打ち消し効果」と呼ばれ、対立が生じたときのストレス軽減に役立ちます。

打ち消し効果を起こすために、私が実践してきた方法をいくつか紹介します。

・事実を確認しましょう

何が起こっているか正確に理解せずに、出来事に反応してしまうことがあります。脳は起きうる事態に備えて自分を守れるように、ネガ

ティブな結果になるかのように思考することがあります。これはチームの理解を揃える際にはかなり無益です。なぜなら一部のメンバーは誤解されている、あるいは攻撃されていると受け取ってしまう可能性があるからです。私のコーチのジェシーはよく「事実確認」という方法を思い出させてくれます。ある状況に関わる事実を再確認すると、非常に役立つことがあります。

• ポジティブな要素を見つけて、そこに集いましょう

脳は自然とあなたや他の人を恐怖モードに引き込もうとします。そのため、その状況の中にポジティブな要素を探し出し、声に出して言うことで、本来的に崩れやすいバランスを取るのに役立ちます。神経生物学者によると、脳にあるミラーニューロンの働きにより、グループにポジティブな人が一人いるだけでチーム全体の幸福度が向上するとのことです。採用時には、全員がいつもポジティブである必要はありませんが、バランスを取るために、チームに少なくとも一人はポジティブな人を迎え入れるとよいでしょう。他のメンバーがネガティブな傾向がある場合は特にそうです。

• ネガティブな前提を拒否しましょう

マネジャーとして、ある状況に対する偏執的あるいは否定的な見解に反論しなければならないことがあります。

• 結果を見直しましょう

多くの場合、行動から生じる結果はみんなが考えるほど深刻ではありません。「全員解雇される！」とか「システムが崩壊する！」と話したところで、あまり生産的ではありません。本当のリスクは何でしょうか？　それをはっきりと述べるか、誰かに述べてもらって、問題に対する共通認識をみんなが持てるようにしましょう。そうすれば、最

大のリスクが何で、実際にはリスクではないものが何かを整理できます。

- **危機的な状況では、その場から離れましょう**
チーム内に非常に感情的で、悪いループから抜け出せなくなっている人がいる場合、後で再度集まるようにして、1on1で話して共通認識を得る必要があるかもしれません。会話はできる限りオープンにすべきですが、グループでの会議がもはや生産的ではなく、みんなが冷静になるために時間が必要な場合もあります。この方法は頻繁に使うべきではありませんし、デフォルトの方法としても使うべきではありません。しかし、特に間違った方向に進んでいる状況では使うべきです。

心理学者らは、人がやる気を失う前に耐えられるネガティブとポジティブの相互作用の比率を提案しています。この比率は「ロサダ係数」[5]と呼ばれ、ポジティブとネガティブの相互作用の比率が2.9倍（たとえば、ほめる：叱る＝2.9：1）とされています。最適な幸福感を得るためには6：1の比率が必要だとされています。この比率は、グループや個人によって異なるかもしれませんが、チーム内で心に留めておく価値があります。

図2のロサダ係数の概念には多くの議論がありますが[6]、その概念は興味深いものです。つまり、真に合理的で、創造的で、思慮深くなるためには、ネガティブなことを探し出して覚えておこうとする本能への抵抗を意識する必要があるということです。ショーン・エイカーは『幸福優位7つの法則 仕事も人生も充実させるハーバード式最新成功理論』（徳間書店）の中で次のように記しています。「数学の共通テストの前に、

---

[5] https://en.wikipedia.org/wiki/Critical_positivity_ratio（これは削除されているかもしれません。）
[6] このWikipediaの記事では、ロサダ係数に対する批判的なフィードバックが詳しく説明されています。https://en.wikipedia.org/wiki/Critical_positivity_ratio

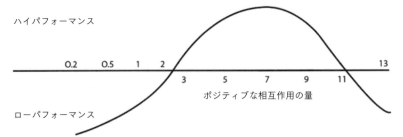

ロサダ係数

ハイパフォーマンス

0.2　　0.5　　1　　2　　　　　　　　　　　　　　　　　　13

3　　　5　　　7　　　9　　　11

ポジティブな相互作用の量

ローパフォーマンス

図2 ロサダ係数の曲線図。仮説における、ポジティブな相互作用の量によるパフォーマンスへの影響を示している。

これまでで最も楽しかった日のことを考えるように促された生徒たちは、それをしなかった生徒たちに比べてはるかに良い成績を取った。またビジネスの交渉中に、ポジティブな感情をより多く表していたビジネスマンは、ニュートラルな感情やネガティブな感情を表していた人よりも、ずっと効率よく交渉を成立させることができた」

　もう一度伝えておきます。良い文化とチームのやる気を積極的に作り上げる必要があります。これはあなたの仕事の一部です！

　これはつまり、問題が起きたときに深く関わり、個々の視点を理解するために質問を投げかけることを意味します。フィードバックの求め方は、「12章 フィードバックを受け取る」で説明しています。フィードバック、信頼、お互いの価値観の理解は、チームの幸せにつながっています。

レベルアップ

　非常に難しく、かつ自分のコンフォートゾーンから外れたタスクに取り組むとき、どのように集中力ややる気を高めますか？　自分やチームのメンバーが数日のうちに行動や成果を変えたり、飛躍的に成長したりすることを期待するのは非現実的です。しかし、改善を積み重ねること

で、ゆっくりとレベルアップできます。

少しずつ習慣を身につける

　以前、私は非常に意欲的な女性を部下に持っていました。1on1のたびに、彼女は達成したいことのすべてを説明していました。彼女の目標は、他の部下の3倍ありました。そのすべてが大きなプロジェクトでした。彼女のアイデアは理にかなっており、戦略的でした。一つでも実現できれば、会社にとって信じられないほどの貢献になります。

　最初は素晴らしい仕事ぶりでした。「手を広げすぎているかもしれませんよ」と何度も注意しましたが、彼女の成果にはただ驚かされていました。しかし、しばらくすると、進捗が鈍化してしまいました。残っていた課題は大きなものばかりで、その巨大さに彼女は固まってしまったのです。

　しばらくはそれでよかったのです。何しろ、彼女は一貫して素晴らしい仕事をしてきたので、そのペースを永遠に維持できるとは誰も期待すべきではありません。しかししばらくしてから、私は心配し始めました。彼女はいつもよりも少し内気に見えており、進捗の遅れに悩んでいることがわかりました。

　「全部終わらせる必要はないことはわかっていますよね？」と私は言いました。

　「ええ、わかっています」と彼女は答えました。しかし、彼女が折り合いをつけようとしているのは私ではなく、彼女自身とその向上心なのだとわかりました。

　「じゃあ、こうしましょう」と私は提案しました。「プロジェクトのいくつかはかなり大規模なので、分割してみませんか？」

　久しぶりに、彼女の目に輝きが戻るのを見ました。

　次の1時間は、彼女の大きなタスクの一つを、小さな単位に分割する作業に取り組みました。そしてその週に集中して取り組むべき最小限の

タスクを決めました。すると驚くなかれ、彼女はこの小さな部分をすべて終わらせて、次の週にはすっかり元気を取り戻して帰ってきました。小さな部分をいくつかやり遂げたことで、残りの部分もできると感じられるようになったのです。そしてもちろん、実際にできました。成長しようとしている人にとって、タスクを分割して、最初はいちばん小さく、いちばん取り組みやすい部分に集中することは非常に効果的なのです。

　習慣と新しいタスクとでは使われる脳の部分が異なります。新しいタスクには認知的な努力が必要です。やることすべてを分析しなければなりません。**一方で習慣は、脳にほとんど負担をかけません。**

　習慣となっていることを行うのには、そんなに多くの認知機能を使う必要がありません。新しい記憶を作り出したり、脳に厳しい負荷をかけたりすることなく、簡単に実現できます。毎日、少しずつ習慣を変えていけば、一度にすべてこなそうとせずとも、大きな目標に着実に向かって進めます。

　ジェームズ・クリアーは、『ジェームズ・クリアー式 複利で伸びる1つの習慣』（パンローリング 株式会社）の中で次のように述べています。

　それぞれの行動は、なりたいタイプの人へ一票を投じるようなものだ。一つの実例では信念は変わらないが、票が集まれば、新しいアイデンティティーへの証拠も集まる。だから、有意義な変化には劇的な変化など必要ない。小さな習慣が新しいアイデンティティーの証拠となって、有意義な違いをもたらすことができる。そして変化が有意義なら、実際には大きな変化となる。これが小さな改善のパラドックスである。

　自動車の運転とプログラミングを例に考えてみましょう。運転を初めて学ぶときは、一つひとつの動作、一連の操作、すべての信号やその意味を考える必要がありました。時間が経つと、そうしたことを深く考えずにできるようになるでしょう。

初めて「async/await（非同期処理）」の関数を書いたり、仕事に不可欠な他のタスクに取り組んだりするときは、多くの試行錯誤と認知的意識を要したことでしょう。しかしやがて、自然とできるようになります。従業員のために物ごとを小さな習慣に分割すればするほど、彼らが「フロー状態」に入れる可能性が高まります。また、彼らが仕事を本当に楽しみ、小さな目標を乗り越えて、ますます遠くの目標に到達する可能性が高まります。

人は成長できる

熟達には決められた状態や特別な前提条件は必要ではありません。脳は文字通り、挑戦によって成長し適応できます。ショーン・エイカーは『幸福優位7つの法則 仕事も人生も充実させるハーバード式最新成功理論』（徳間書店）の中で、ロンドンのタクシー運転手は、ロンドンの複雑な道路によって海馬（空間記憶を司る脳の部分）が大きくなっていることを示す研究に言及しています。エイカーは次のように書いています。

みなさんは、タクシー運転手の大きな海馬にはあまり興味がないかもしれない。だが人の生き方が脳を変化させる可能性があるというこの発見によって、科学者たちは「神経の可塑性」という「神話」に正面から向き合わざるを得なくなった。（中略）これら二つのケースの答えは明らかで、誰にも間違えようがない。脳は変化するのである。かつては不可能と思われていたことが、いまは誰もが知っている事実となり、最新の神経科学の研究がそれを厳密に裏付けている。

ロンドンのタクシー運転手が運転や、道路、あるいは空間認識に特別な情熱を持っていたわけではありません。彼らの能力は、タスクに応じて成長したのです。

あなたのチームも課題を解決するために成長できます。能力は固定さ

れているわけではありません。マネジャーとして、困難な状況に直面したときには、これを思い出すことが重要です。チームを信じてください。より高い目標を設定する際には、チームがそれを達成する能力があると信じていることを伝えてください。

chapter

6

長期的な
従業員のケア

「本質的に不確実で曖昧な状況に飛び込んで、さらに混乱を生み出すようでは、自分をリーダーと呼ぶことはできません。何もない状況から、明確さを作り出さなければなりません。」

—サティア・ナデラ、マイクロソフトCEO

前の章で、内発的動機付けの概念を紹介しました。しかし、従業員が自分の仕事に対して内発的に情熱を注いでいるとしても、会社がその仕事に見出す全体的な影響との間にズレを感じることがあります。このズレは、ときに最も痛みを伴います。従業員が非常に懸命に働き、できる限りのことをしているのに、過小評価されていたら心が張り裂けそうになります。チームの一人ひとりが適切なキャリアパスを見つけられるよう支援しないと、やる気を失ってしまうかもしれません。人が、自分の仕事が価値あるものと感じ、自身の成長と業界や人々に対する広い影響のための「北極星」のような目的を持っていると感じるとき、それは信

じられないほどの原動力となります。日々の仕事に意義があり、小さな
タスクの積み重ねが大きな目的につながっていて、前に進むための道筋
があるのがわかると、やる気が非常に高まり、障害を乗り越えてより大
きな成果を生み出すための強靱さが得られます。

　一方で、自分のキャリアがどこに向かっているのかわからないとき、
あるいは、自分の役職や報酬が公平なのかわからないときほど、従業員
のやる気を削ぐものはありません。苛立ち、疲弊、燃え尽きにつながる
ことがあります。また、（仕事への）集中力が大きく損なわれます。自
分の仕事が評価されているかわからない状態で、誰が仕事を片付けられ
るでしょうか？

　マネジャーとしての共通目標は、チームの技術プロセスや業務プロセ
スと同じくらい真剣に、従業員のキャリアに取り組むことです。昇進は
理想的には、誰もが予期するタイミングと方法で正確に実現されるべき
です。その目的は、チームの成功への道筋を整えることです。つまり、
誰もが前に進むための明確な道筋を持ち、意義とやりがいのある仕事に
集中できるようにするのです。

マネジャーがすべてをやろうとするのは最善の支援方法ではない

　数年前、明るく聡明で才能があり、能力も高く、一緒に仕事をするの
が楽しい女性をマネジメントしていました。彼女は、この業界ではやや
新人で、内気に見えることがありました。そのため、彼女が成功できる
ように舞台裏で戦い、「うんちの傘（poop umbrella）」[7]の役割を果たせ
るように最善を尽くしました。彼女は、シニアな役職へと着実に歩んで
いました。私が会社を辞めることに決めた後ですら、彼女の上司に「彼

---

[7] 訳注：上層部を含むステークホルダーからの色々な要求や指摘からチームを守る役割のこ
と。

女は数ヶ月以内にシニアな役職に就く予定です。」と伝えていました。

その後、別の都市へ引っ越ししました。数年後、彼女と再会して、彼女がその役職に就けなかったことを知って驚きました。

私が学んだのは次のとおりです。私が彼女を託した優秀なマネジャーらにとって、彼女の昇進は私が考えていたほど高い優先事項ではなかったのです。チームには他にも対応すべき課題が山積みだったため、彼女の昇進は忘れ去られてしまったのです。しかし何より重要だったのは、私が彼女のために築き上げてきたすべての「保護」が、長期的に見れば、彼女にとって本当に役立つものではなかったということでした。たとえば、自分の意見を主張する方法や、うまく社内で立ち回る方法を教えていなかったのです。二度とこのような過ちを繰り返さないと心に誓いました。

これは厄介な問題です！　能力が高く、チームメンバーを人として大切にするマネジャーであれば、彼らを阻む障害を取り除く代わりに、彼ら自身で主張する方法を教えるのは不自然に感じられるかもしれません。

重要なのは、その人を火中に放り込むことではなく、気にかけることです。彼らが学ぶべきことを教えていますか？　自分の下で本当に成長していますか？　どんな犠牲を払ってでも誰かを守るという気持ちは、マネジャーの自己満足につながり、成長を脅かすこともあります。

これは常にコーディングしたいと考えているマネジャーにも当てはまります。チームのためにすべてのプログラミングを行うことが、もはや自分の優先順位の高い仕事ではないと気付くのは、大きな転換です。本当にそうなのです。あなたがチームの成長を妨げ、マネジャーに信頼されていないとチームメンバーに感じさせ、挙げ句の果てには、あなただけがプロジェクトの知識を持っているにもかかわらず、ミーティングに縛られているために、チームの進捗を妨げてしまうのです。私は完全にこの間違いを犯してきました。締め切りを見誤って「自分がすぐに助けにいかなければ」と思ったこともあれば、どうやって委譲すればいいか

わからなかったこともあります。これは、マネジャーとして磨く必要のあるスキルです。私の失敗から学んでください。

　自分がいなくてもうまくいくように、誰にどんなスキルが必要か考えてみてください。そのスキルを段階的に教えていきましょう。もちろん、このアドバイスは「言うは易く行うは難し」です。物ごとが山積みのときは特にそうです。日々の仕事ややり取りの中で、そうした教育を組み込む方法を、時間をかけて考えてみてください。むしろ、あなたが求めている成果に向けて、みんなの足並みをそろえるように努めてください。自分ですべてのコードを書く必要はありません。なぜそのコードが必要なのか、（目標を）達成するためには何をすべきなのかを明確に説明しましょう。方法はみんなを信じて任せて、助言が必要であれば相談に乗りましょう。

バイアス

　ちょうど良いタイミングなのでバイアスについて話しましょう。バイアスの問題は、水面下に常に存在し、マネジャーの役割の一部に常に付きまといます。無視はできません。バイアスを慎重に考え抜くことがあなたの仕事です。

　多様な背景、文化、人生経験を持つ人が活躍できるチームを築くことが、健全な職場環境を作り出します。周囲のみんながうまく協力して働くための方法について、ここまで話してきました。チームメンバーが疎外感を抱くようでは、みんなが貢献でき、信頼し合えるチームを築くことは不可能です。信頼し合えるチームを築くためには、チーム内にインクルーシブな文化を作る必要があります。バイアスを考えることは、そのミッションの一部です。

　健全なチームを築くための第一歩は、自分がすべてを知っているわけではないと認めることです。自分が話すよりも聴くことの方が必要とな

る場面かもしれません。誰しも経験は少しずつ異なり、おそらくあなた
の経験とも異なります。理解しようと心を開くことが重要です。ただし、
このプロセスは、非常に不快に感じられることがあるかもしれません。

　自分が内集団の一員なら、外集団の人から私たちが育んできた文化が
いかに人を疎外してきたかを指摘されると、攻撃されているように感じ
るかもしれません。もし、あなたが私と同じように白人であれば、自分
がどのように人種差別的な文化に加担しているか、気づけないかもしれ
ません。しかしそれは、支配的な（白人の）文化の多くによって、白人
が心地よい気持ちになり、白人の経験を中心に考えるように方向づけさ
れているからです。

　外集団の人は、リーダーとしてのあなたが理解できないような経験を
常にしています。私が強くお勧めする本である『ステレオタイプの科学
──「社会の刷り込み」は成果にどう影響し、わたしたちは何ができる
のか』（英治出版）の中で、著者クロード・スティールは、次のように
書いています。

　「あるステレオタイプが間違いであることを証明してやるというプレッ
シャーは、その環境で追加的なタスクをもたらす。学校の場合なら、新
しいスキルや知識、考え方を学ぶことに加えて、働く女性の場合なら、
職場で優れた実績をあげることに加えて、目に見えないネガティブなス
テレオタイプを退治するタスクが発生する。つまり、マルチタスクをこ
なさないといけないうえに、そのタスクに自分にとって重要な領域での
成否がかかっているから、大きなストレスとなり、集中力が低下するの
だ。（中略）このストレスフルな経験が、自分を取り巻く環境の慢性的
な状況であることに気がつくと、そこにとどまり努力を続けるモチベー
ションを維持するのは難しくなるかもしれない。ステレオタイプを反証
するタスクに終わりはない。そのステレオタイプが当てはまる場所にい
る限り、何度も繰り返さなくてはならない。」

私も、他者の立場から物ごとを理解しようとして過ちを犯したこともありますし、あなたもそうかもしれません。リーダーとして、まずはここから学ぶべきことがあると認識しなければなりません。私たちは、すべてを知っているわけではないのです。しかし、学ぶための余地を作り出す必要があるのです。

　ジェニファー・ブラウンによる『How to be an Inclusive Leader: Your Role in Creating Cultures of Belonging Where Everyone Can Thrive』（インクルーシブなチームのチーダーになる方法：全員が活躍できる文化を作るための役割）（Berrett-Koehler Publishers、2019年）では、**インクルーシブリーダーシップの段階**を次のように説明しています。

1．無自覚
2．自覚
3．行動
4．提唱

　無自覚から自覚に至ること自体が大きなプロセスと言えるかもしれません。そして「提唱」者として誰かを支援することは、たとえ勇気が必要だとしても、やがて必要になります。どの段階であれ、「聴く」という行為は重要な要素です。

　この４段階はリーダーにとって、必ずしも順を追って比例直線的に進展していくわけではありません。人生のタイミングによって、あるいはインクルーシブの要素によっては先の段階に進んでいるかもしれません。ある集団に所属しているなら、他の集団よりもその集団で提唱するほうが簡単かもしれません。しかし、そこで止まってはいけません。理想的には、無意識のバイアス（アンコンシャス・バイアス）を常に自覚し、最終的には自分の属する集団だけでなく、バイアスに基づく行動からみんなを遠ざけるよう努めるべきです。

あなたはリーダーです。インクルーシブな文化を目指し、体現する責任があります。受け身で傍観して、インクルーシブな文化が生まれるのを願っているだけではいけません。

もちろん簡単ではなく、正しく行うためには努力が必要です。しかし、信頼はこのようにして築かれるものです。内集団と外集団に分断されていると感じる人がいるようでは、信頼に基づくグループを作ることはできません。**信頼はインクルージョンそのものなのです。**

もう一つアドバイスがあります。相手が話す気力がなかったり、安全に話すために必要な信頼関係が十分に築けていなかったりする場合は、人種や、LGBTQ+、あるいは他の内集団と外集団の話題を無理に持ち出さないでください。これは、あなたのためではありません。相手はこのような話題に対し、常に多くの精神的エネルギーを費やしているので、時にはあなたに対しても気を遣って話さなければいけないと感じることがあります。

信頼とバイアスの実際

次のシナリオを考えてみましょう。チームで集まって、たとえばチームチャットで雑談をしていると、ある人が同性愛者に対する差別的な発言をしたとします。会話が止まってしまいました。あなたならどうしますか？

このような場面では、気配を消したくなるかもしれません。さまざまな言い訳を思いつくかもしれません。たとえば、「そもそもその会話に参加していたわけじゃないし、いまさら何か言っても変だろう」や「自分は同性愛者ではないから、もしかすると当事者の代弁をすべきではないかもしれない」などです。

しかし、あなたはリーダーです。**チームの文化の強さは、チーム内で許容される最悪の行動によってのみ決まります。声を上げるのはあなた**

の仕事なのです。あなたは同性愛者ではないかもしれませんし、よくわかってない知識に基づいて話すべきではないというのは正しい考えです。しかし、同性愛者だけに自分で立ち向かうように責任を押し付け、誰もが自分一人の力でやっていかなくてはいけない文化を作ることは、みんなの心理的な健全性に悪影響を及ぼします。

　上記のシナリオでは、次のようにすぐに明言してください。

　「ねえ、さっきのは同性愛者に対する差別的な発言でしたよ。ここではそういうことはしません。ここは、みんなが受け入れられる場所です。そのつもりはなかったかもしれませんが、その言葉がもたらす結果だけは指摘しておきます。誰しもバイアスがあり、改善すべき点もあります。しかし、強いチームになるためには、指摘することも重要なんです」

　こういった状況への対処方法は人それぞれでしょう。私の場合は通常、このような状況では、意図と影響を紐解くようにしています。たいていは発言者に悪意はないので、それらについて話し合えます。

　なぜ、チャットルームで公に指摘することを提案したと思いますか？　個別に呼んで話してもよかったのでしょうか？　そのようなアプローチを取ったこともありますが、このような場合には、その発言が許容されないことをみんなが知ることが大切なのです。

　先ほど「誰しもバイアスがあります」と述べたのは、それが本当だからです。問題ある行動が見られたとしても、無意識のバイアスを自覚できる環境を作りたいのです。バイアスの理解が日常生活の一部になればなるほど、内省し成長できる文化を築けると私は信じています。

参考資料

　バイアスは、それ自体について一冊の本にするだけの価値があるトピックです。バイアスや関連トピックに深く踏み込んだ良質な資料をいくつか紹介します。

- 『心の中のブラインド・スポット：善良な人々に潜む非意識のバイアス』（M.R.バナージ／A.G.グリーンワルド著、北村 英哉／小林 知博訳 ほか、北大路書房、2015）

- 『How to be an Inclusive Leader: Your Role in Creating Cultures of Belonging Where Everyone Can Thrive』（Jennifer Brown, Berrett-Koehler Publishers, 2019）

- 『ステレオタイプの科学──「社会の刷り込み」は成果にどう影響し、わたしたちは何ができるのか』（クロード・スティール著、藤原朝子訳 ほか、英治出版、2020）

- 『The Inclusion Dividend: Why Investing in Diversity & Inclusion Pays Off』（Mark Kaplan and Mason Donovan, Bibliomotion, 2013）

- 『Subtle Acts of Exclusion: How to Understand, Identify, and Stop Microaggressions』（Tiffany Jana and Michael Baran, Berrett-Koehler Publishers, 2020）

- 『Diversity in the Workplace: Eye Opening Interviews to Jumpstart Conversations about Identity, Privilege, and Bias』（Bärí A. Williams, Rockridge Press, 2020）

　この章は、私自身がこの分野で日々学び成長している立場から書いています。また以前から自分が欲しかった章でもあります。

従業員の目的

　私の経験では、マネジャーは早い段階で部下の最終的な目的を把握しておくのが最善です。5年後の自分はどこにいるのでしょうか？　どのような仕事が一番好きですか？　最も働きやすい場所は？　最も働きにくい場所は？　マネジャーがいつも理想的な状況を作り出せるわけではありません。しかし、こういった情報の把握が、その人の今後のキャリア形成や必要な仕事、そしてチームがうまく協力して働き続けるために必要なことを理解する上で非常に役立ちます。

　たとえば、二人の部下がいるとします。一人は将来的にプリンシパルアーキテクトになりたいと考えていて、もう一人はリファクタリングが大好きだと言っています。この情報によって、一人には方向性を示してもらう必要のあるプロジェクトに、もう一人には新機能の準備に向けてレガシーコードをリファクタリングしてもらう必要のあるプロジェクトに割り当てる、といった有益な洞察が得られます。

　あるいは、いつかディレクターになりたいと考えているエンジニアがチームにいたとしましょう。そのエンジニアは滅多に他の人を助けていません。そこに、インターンがちょうど入ってきたとします。これは、その人のメンタリングスキルを伸ばすチャンスであり、インターン生にはエンジニアリングスキルを伸ばしてもらうチャンスになります！

chapter

7

キャリアラダー

キャリアラダーは、ある職種において異なるレベルでの成長と進歩の期待要件を示すために使われるシステムです。キャリアラダーの目的の一つは、評価方法を定義することですが、究極的には明確さをもたらすために使われます。このシステムはさまざまな形態を取ります。しかし一般的には、従業員のキャリアステージごとの期待要件を記した社内文書です。

キャリアラダーは、マネジャーの道具箱にあるツールの一つです。**キャリアラダーがあるだけでは明確さは生まれません。マネジャーとして、キャリアラダーを活用する必要があります。**この章で取り上げるのは、キャリアラダーを運用するためのフレームワークとして使えるプロセスです。ただし、キャリアラダーを正式に導入しても、従業員を誤った方向に導くことがあります。そのため、あくまで一つのツールであり、大きなプロセスの一部に組み込まれていることが重要になります。

ここでも信頼関係が重要です。マネジャーが部下の成長の道筋に一緒

に取り組んでおり、部下がそれを信じてくれるなら、そこにある種の
パートナーシップが生まれます。部下と一緒に伸ばしていくべき資質は、
会社の成長に役立つだけでなく、長期的にその人のスキルセットを拡大
し、個人の成長にも役立つものが理想的です。このように、うまく噛み
合っている仕事は、大きな目的があるため、やりがいを感じてもらえる
可能性を持っています。

　図3は、私が作成したマイクロサイトです。私のキャリアラダーをす
べてオープンソース化しています（career-ladders.dev）。

　このサイトでは、エンジニアのレベルごとに、そのレベルで期待され
る役割と責任の概要を説明しています。この具体例では、全体を通して
次のような基本的な考え方があります。

- 「シニア」になるには、自身が「最高」の状態になる必要があります。
  自分の役割を極めてうまく果たしており、自分の能力を最大限に発揮

図3 キャリアラダーのマイクロサイトの入口ページ

しています。

- ▪ 「スタッフ」になるには、範囲を自分以外まで広げる必要があります。自分が学んできた素晴らしいことをみんなに教え始め、彼らのニーズを満たすことを手伝います。
- ▪ 「プリンシパル」になるには、周囲の人を含めてスケールするシステムを作る必要があります。みんながあなたのように振る舞うのを助けるのではなく、各自の状況に合わせて支援します。活動の多くは、周りにいるみんなの成功の支援に関連しています。

このシステムの好きなところは、最も優れた従業員による仕事が、全員に恩恵をもたらすような方法で外の人やシステムをサポートし、成長させる点です。プリンシパルレベルの人々は、他の人々に知識をひけらかすのではありません。彼らは知識を本当に役立つ方法で実践に移そうと努めるのです。

まったく同じシステムを使う必要はありませんが、個々のメンバーの役割と期待を明確にすることが大いに役立ちます。なぜでしょうか？詳しく見ていきましょう。

キャリアラダーの活用

先ほど、キャリアラダーの文書単体では、従業員のキャリア成長の促進に役立たないと述べました。また明確さの重要性を強調してきました。では、これらをまとめて、キャリアラダーを実践で活用する方法を説明しましょう。

ステップ ❶ 全体像

私は、「5年後にどうなっていたいですか？」と尋ねる鬱陶しいマネジャーの一人です。この質問には考えるべきことがたくさんあるので

「鬱陶しい」と表現しましたが、それでも尋ねます。私は完璧な答えを求めているわけではなく、この質問をすることで、その人が将来を考える機会を与えたいのです。たいていは、聞けて良かったと思うことを話してくれます。

例をいくつか挙げます。

- 「やりたいことはよくわからないけど、５年後もビルドシステムばかりに時間を取られたくないのはたしかです」
- 「自信はないけど、マネジャーになりたいかもしれません。まだなったことはありませんが」
- 「思い立ったらいつでもキャンプに行けるようになりたいです。家族を連れて行って、出先で仕事ができるようになりたいです」
- 「アフリカの開発者仲間が、望む機会をすべて手に入れられるようにしたいです」

これらの回答が、次の５年間に向けた正式な計画でないことには注意が必要です。しかしこれらの回答からは、みんなの価値観、境界線、働く環境について取り入れたいことが垣間見えます。私は部下と一緒に伸ばしている資質が、会社内だけでなく、どこでも役立つものであるとき、とても嬉しいです。これらは、部下のスキルセットを拡大するものであるべきです。この種のタスクは通常、長期的な取り組みが必要です。しかし、より大きな目的に向けて共に取り組むことはとても報われるものになり得ます。

ステップ ❷ キャリアラダーのレビュー

「目的地がわからなければ、別の場所に行き着いてしまうかもしれません」
　　　　　　　　　　　　　―ヨギ・ベラ、MLBの捕手、コーチ、マネジャー

このステップでは、キャリアラダーの文書を確認します。通常、従業員に現在の職種に記載されている項目を一つずつ声に出して読み上げてもらい、**それぞれの項目に対して自己評価してもらいます。**私も少し意見を述べます。たいていは認識が一致します。みんな自分の進捗について公平で正直なのです。個人的には、項目を私が読むのではなく、部下に読み上げてもらうことが重要だと考えています。そうすることで、主体性が生まれます。

また、キャリアの次の段階と、その項目も確認します。プロセスの終わりに、共通のテーマを分析します。

例

「あなたは間違いなくシニアで、役割を非常にうまく果たしています。スタッフになるには、もう少し他の人を助ける必要があります。今後数週間は、プルリクエストのレビューやペア作業に充てる時間を確保しましょう。また、あなたが開発中の社内ツールを完成させることについても話し合いましょう。それがあれば、おそらくチームのスピードアップにつながるはずです」

ステップ ❸ 30/60/90

次のステップは「30/60/90」と呼ばれます。この考え方は、従業員が30日、60日、90日で取り組みたい仕事を分けていくというものです。

私は通常、少し工夫を加えます。**まず90日から始めるのです。**「今後3カ月以内にここで達成したいことは何ですか?」と尋ねます。キャリアラダーを話し合ったばかりなので、重点を置くべきことについての指針がすでにあるはずです。この時点では、部下に主導権を持ってもらい、部下から自分がすべきことを伝えてもらうと安心です。あなたからではありません。

次のように、数値化できることもあります。

- エンジニアリング：「週にissueを5つ閉じたいです。理想的には、少なくとも2つはプルリクエストで」
- ドキュメント：「2つの機能間にあるコンテンツの不足部分を補完したいです」
- 全員「少なくとも、2人とペア作業をしたいです」

メトリックとして表現することもできます。

- 「npmパッケージの採用率を10%増やしたいです」

あるいは、数値化しにくいものもあります。

- 「新人として、コンポーネントライブラリをもう少し理解したいです」
- 「ミーティングで、他の人の話を遮ることを減らしたいです」

どれも有効な目標です。

　90日間の計画を決めたので、次に30日で達成可能なことを見極めます。ここでもまた、この期間で達成可能なことを部下に考えてもらいます。目標があまりにも高すぎたり、会社が必要としている何かを見落としたりしている場合にのみ、口を挟みます。

　また、状況は変わるものであり、この計画は絶対的なものではないと伝えておくとよいでしょう。他にも注意を払うべきことが出てくるかもしれません。その場合は調整すればいいだけなので、問題ありません。私は正直なところ、60日間の計画はあまり役に立たないと思っています。1ヶ月でたくさんのことが変わるからです。私は通常、60日間の計画を省いていますが、役立ちそうならぜひ活用してください。

　キャリアラダーのプロセスの中で、部下がすべきでないことについても話し合います。部下や会社にとって、有益でないことに彼らが時間を

使っていると気づいたら、そのタスクを削除して、他のステークホルダーにはっきり説明しましょう。部下自身では、そのような会話ができないかもしれません。

　部下のタスクの価値を明確にすることは、高い成果を出しているが燃え尽きかけているような人にとって、非常に役に立つ可能性があります。過度に負担がかかっているタスクの認識を合わせ、適切に優先順位をつけて集中できるようにするのです。頑張り屋には、指示はあまり必要ないと考えがちですが、スコープを決めて良い方向に向かってもらうために、通常はより明確なタスク定義が必要です。

　また、キャリアラダーのプロセスを経て、業績不振の部下が一変したのを目の当たりにしたこともあります。サボりがちな人に見えていたのは、実際には、タスクの目的がミスマッチだったことが表出した症状だったのかもしれません。キャリアラダーは、全体像における自分の仕事の位置づけや、いつ、なぜ、どのように行われるべきかの認識に役立ちます。

　ここで重要な点が一つあります。部下をキャリアラダーに沿ってうまく導けたら、最後には昇進させる必要があります。もちろん、昇進には役職と報酬の変更が含まれます。約束を果たさなければ、部下とのパートナーシップが崩れてしまいます。部下が役割を果たしたのであれば、必ず昇進させてください。

繰り返しとふりかえり

　ここから先にすべきことは明確でしょう。リストを見直し続けるのです！　私個人は、1on1のドキュメントにリマインダーを設定して、だいたい1カ月ごとに30日間と90日間の計画を見直すようにしています。各タスクの進捗状況を確認して、完了したものにはチェックマークを付けます。特にうまくできたことには、お祝いの絵文字を付けることもあ

ります。Mr.ロジャース[8]のように聞こえるかもしれませんが、成功として祝うことが重要だと考えています。みんなの仕事ぶりと、これまでの成長を評価していることを示してください。

90日経ったら、次の30〜60日の方向性を示すために、新たな期間を設けてもよいでしょう。終わっていないものがあれば、次の月に持ち越します。数カ月ごとにキャリアラダーを再び考えてください。この振り返りでは、各領域での進捗を記しておきます。ただしこれは、仕事の方向性を明確にするための唯一の方法ではありません。可能性は無限です。**部下に、明確さをもたらすものなら何でも役立ちます。**

キャリアラダーのプロセスで気に入っているのは、みんなが自分の位置を知り、次のレベルに到達するために必要なことを把握できる点です。360度評価を受けても驚きはありません。すべてが文書化されているので、進捗を実感でき、それによってお互いのパートナーシップが形成されます。仕事はキャリアの途上にある、測定可能な単位の一つに過ぎません。

部下が約束を果たし、マネジャーに求められていたことを終えたら、昇進のときです！ ✎お祝いも忘れずに！

修正が必要なとき

このプロセスは、何かがうまくいっていないときに人と協力するためのフレームワークにもなります。戦術的にも戦略的にも、明確な期待が設定されていれば、物ごとがうまくいっていない場合でも、後からその期待に立ち返ることができます。ここでも、部下自身に自分ごととして取り組んでもらうのが最適です。だから、項目ごとに期待されていることとその現状を話す際は、その差分を尋ねてみて、彼らの意見を聞いてみてください。

---

[8] 訳注：アメリカの子供向け番組の司会者で、優しく穏やかな語り口で知られる。

　私の経験では通常、誰かと信頼関係を築き、彼らが自分の責任を自覚するようになると、うまくできたこと、さらに良くしたいこと、そして直面している課題についても、かなり正直に話してくれるようになります。

　もし、部下と合意していた目標と、実際の成果との間に大きな差分がある場合、「怠けているから」と決めつけたくなるかもしれません。しかし、「怠けている」とされることの背後には、他に多くの根本原因があります。ただそれが、外から見ると怠惰に見えてしまうのです。誰かの仕事がうまくいっていないとしたら、見限る前にできるだけ事情を探ってみてください。誰かを「怠け者」と言ってしまうと、変えがたい性格評価となってしまいます。また、マネジャーとしても、彼らの動機や潜在的な方向性のズレ、そして仕事に影響を与えている可能性のある外的要因を探る努力を怠っています。

　代わりに、好奇心を持ちましょう。戦術面から一歩下がって、大きな成果について話し合いましょう。この種の難しい会話をするときには、フィードバックの章が役立つかもしれません。次の点を考慮して、再調整を試みてください。

- 部下の個人的なゴールは何か？
- 会社が求めていることは何か？
- 現在の業務で、上記2点を満たせるか？
- さらなる前進のために、一緒にできることがあるか？
- 期待される成果を再確認し、成果達成に向けた最適な方法は部下が考えて良いと明確に伝える。必要であれば戦術的な計画を何度も見直せるようにする。

　上記の方法は、たいていうまくいきます。しかし、それでもうまくかない場合は、業務改善計画（PIP、Performance Improvement Plan）

を実施する必要があるかもしれません。期待が明確に伝わっているのであれば、部下も驚かないし不当だとは思わないでしょう。

　エゴを捨てて、この部下のサポートに最善を尽くしてください。しかし、ときには最善を尽くしても、うまくいく方法が見つからないこともあります。お互いの相性のせいかもしれませんし、あなたが認識していない個人的な問題を抱えているのかもしれません。会社の文化がその人の価値観に合わないのかもしれません。

　マネジメントに長く携わっていると、他の人よりもマネジメントが難しい人に出会うことがあるでしょう。これはごく自然なことです！　この状況に孤立感や不安を覚えるかもしれませんが、失敗したと感じる必要はありません。人を支援するということは、マネジャー自身ではなく、相手のことであると認識してください。その人にとってより良い場所が、他の部署や他の会社で見つかるかもしれません。そういうこともあります。こだわりすぎないようにしましょう。

チームをエコシステムとして捉える

　個々のメンバーに注目して、一人ひとりに対して最適化を図りたいという誘惑に駆られることがあります。しかし、リーダーシップとは、より広いシステムに配慮することを意味します。大きな目的と戦略を立てて、チームを、彼らの仕事の大きな目的の元に結びつけることを意味します。これはすなわち、できる限り広い範囲のメンバーに適するようにチームのダイナミクスを調整することです。また、誰かが不健全なダイナミクスへ文化を変えようとしたら、境界線を設定することも含まれます。さらに、周囲のみんなに意図的に悪影響を与えており、明確なフィードバックに適切に応じない人を解雇することすら含まれるかもしれません。辛い決断かもしれませんが、私がこの決断を下した数少ない経験では、チームはすぐに健全になり生産性が向上しました。

マネジャーは、個々人のレベルでチームに配慮するとともに、一歩下がってチームをエコシステムとして捉える必要もあります。これを読んでいる皆さんは、私がチームに設定している共通のテーマにもうお気づきかもしれません。つまり、役職が高いほど、他の人を助けるために自分の影響力を拡大するということです。これは部分的には、仕事内容の重複を避け、みんなの取り組みの成果をチーム間で確実に乗算させるためですが、意識的に協力的な文化を作るためでもあります。

進歩の本質が周りの人を支援することになれば、みんなは互いに気を配るようになります。自分だけが、ある状況の「ヒーロー」となって報酬を期待するのではなく、みんなを引き連れて行く必要があるのです。

この考え方が、チームの振る舞いに多大な好影響をもたらすのを目の当たりにしてきました。インクルーシブな環境作りは、チームを運営するための付属的なタスクではなく、チームの成長の根幹をなすのです。

8

重要な1on1

1on1は重要です。1on1とは、プライベートな対話です。エンジニアリングマネジャー/リーダーと部下との間だけではなく、スキップレベル、同僚同士、他部門の人との間でも行われます。

私はリーダー、マネジャー、またIC/ソフトウェアエンジニアを経験してきたので、テーブルの両側に座ったことがあります。どちらであっても素晴らしい経験をしてきましたが、失敗もしてきました。

根本的に1on1とは、双方がチームの一員としてのつながりを強化し、意図を明確にすることで、不確実性を減らす場です。

新任マネジャーに繰り返し見られる最大の間違いの一つは、1on1を任意と考えてしまうことです。悪意があるわけではありません。しかし、1on1に時間が多く取られて、他のことができないと考えてしまうのです。部下として、まったく支援されていなかった立場から言えば、「**1on1こそ、マネジャーの仕事でいちばん重要です。これは絶対に譲れません**」

マネジャーと部下の間で

1on1はとても重要なので、マネジャー側も部下側も軽視すべき種類のミーティングではありません。週に1回か2週間に1回の間隔で定期的に行われるべきで、緊急の場合を除いて中止してはいけません。中止せざるを得ない場合は、カレンダーから単に削除するのではなく、相手に理由を伝えるとよいでしょう。

リモートワークだと1on1を減らしてもよいと考えたくなるかもしれませんが、実際は逆です。日常的に各自が別の場所にいるので、定期的な1on1によって、不定期な連絡を補えるのです。

1on1は、できる限り気が散らない場所で行うべきです。 もし、相手と二人きりの部屋にいるなら、通知を受け取らないようにラップトップを閉じてメモ帳を使いましょう。リモートでの1on1であれば、静かな場所で（できれば騒がしいカフェではなく）、安定したインターネット帯域があるようにしてください。また、車内や用事を済ませながらの1on1は避けてください。屋外で1on1をする必要があれば、ヘッドホンを着用してください。繰り返しになりますが、これらは1on1そのものに集中できるように、気が散らないようにするためのものです。

正直なところ、気が散ることだらけの環境で1on1をするぐらいなら、静かな場所が確保できるまで、1on1を中止あるいは延期したほうがよいと思います。1on1中にマルチタスクをするほど、「あなたの時間を大切にしていない」ということを示すものはありません。**1on1の目的は、相手に「自分に価値がある」と思ってもらい、「つながりがある」と感じてもらうことです。**

リモートの場合は、相手に1on1に適した方法を尋ねてもよいかもしれません。ビデオ会議を好む人もいれば、電話を好む人もいます。1on1に適した方法を把握することも、より良い関係を築くための一つなのです。

▤ 方向性とガイダンス

1on1が役立つ場面の一つはガイダンスです。何度か、自分の手に負えない状況に陥っていると伝えてくれた部下と1on1をしたことがあります。過剰にタスクを抱えている、あるいは難題が立ちはだかっているため、どう進めてよいかわからず、動けなくなるほどに不安を感じているのです。

前述したように、1on1は不確実性を減らして、明確化するための良い機会になります。そのための方法は次のとおりです。

- **優先度付け**
  仕事が多すぎる場合は、最重要な部分を話し合い、場合によっては、一部の業務から部下を守る[9]ために対応を申し出ることもあります。
- **アクションアイテムの作成**
  ときには、タスクが大きすぎて、分解して整理するために部下への支援が必要です。これによって、どこから着手すればよいか、どう進めたらよいかがわかりやすくなります。
- **ビジョンの明確化**
  何のための仕事なのかわからずに参っているかもしれません。目の前にある仕事の必要性を伝えられれば、部下がプロジェクトの目標に合わせて、仕事自体に意義や価値を感じられるようになります。

たとえば、部下からすれば、タスクAとタスクBのどちらに時間を使ったらよいかわからないかもしれません。その結果、作業の進捗が遅くなります。どちらの優先度が高いのでしょうか？　マネジャーからすれば、

---

[9] 訳注：原文では shield。ここでは、他の部署やチームからの要求をブロックしたり、マネジャー自ら部下の仕事を引き受けたりして、部下を守ることを意味している。

なぜ作業が遅くなっているのかわからないかもしれません。部下は問題で行き詰まっている、あるいは燃え尽きているのかもしれません。確かなことはわかりません。誰でもときどき、行詰まってしまうことはあります。しかし、恥ずかしさなどから、他人の前でそれを明かしたくないこともよくあります。1on1は、問題が顕在化する前にそれを探るプライベートで安全な良い場になります。

つながり

マズローの欲求段階説の中核をなすのが所属欲求です。なぜなら、人はつながりや関係を築くように設計されているからです。エンジニアも、他の職種の人と同じように、共感や人のつながりを必要としています。

個人レベルで他者とつながることは、私自身、本当に努力する必要があることです。私は不器用で、内向的です。人との話し方がわからなくなることもあります。しかし、1on1で自分の話をよく聴いてもらえたり、相手の話を聴いたりしたことがたくさんあったことはわかっています。言い換えれば、同じ目標、個人的な類似点、あるいは共通の不満からでさえも、他者とのつながりを感じたのです。

友人が「人は仕事ではなくて、マネジャーのもとを去る」と言っていました。ほとんどの場合、これは本当です！ マネジャーと部下がお互いを理解し合うつながりを築く時間を取るだけで、長続きする大きな安心感を生み出します。また、従業員の定着率も向上します。

部下もマネジャーも、1on1に全力で取り組むべきです。相手に注意を向けていることがわかる能動的なボディランゲージを使ってください。また、相手の話を遮ることなく、交互に聞いたり話したりすることも重要です。

1on1は、マネジャーよりも部下のため

　この見出しに戸惑うことはありません。もちろん、1on1は双方のためのものです。本当にそうです。**しかし、権力のバランスを考慮すると、マネジャーはいつでも部下に直接話せますが、その逆は必ずしも当てはまりません。**また、チームメンバー同士の間にも力関係があります。1on1でのマネジャーの役割は、部下が明確かつ自由に、パフォーマンスに影響を与える懸念事項について話せる場を提供することです。

　理想的には、マネジャーは話すよりも聞く時間を多く取るべきですが、双方向の対話もまた健全です。マネジャーばかりが話している1on1は、あまり生産的ではないでしょう。これはチームの時間ではありません。普段は発言の機会が得られない部下が話せるようにするための時間です。Googleでは、ミーティングに追加できるChrome拡張機能があり、自分が話している時間の割合が表示されます。私はこれが大好きです。部下との1on1では、一定以下の割合になることを目標としています。自分ばかり話すのではなく、本当に部下のための時間にするためです。

　ここでのマネジャーのリスクの一つは、受動的な聞き手になってしまうことです。たとえば、部下の愚痴を聞くべきタイミングと、愚痴に対する実行可能な解決策が必要なタイミングの間には、微妙な違いがあります。あるいは、両方が必要な場合もあります。どちらを選ぶべきかの明確なルールはなく、私もときどき間違えてしまいます。だからこそ、アイコンタクトや傾聴が重要なのです。その状況で求められていることがわかる、相手からの微妙なサインを読み取れます。

　自分が聞くときのモードを明確にしておくと役立ちます。そのために、みんなにこう伝えています。「私は『問題解決志向』の人間なので、初期状態であなたの問題を解決しようとしてしまいます。でも、愚痴を聞いてほしいというのであれば、それはそれでまったく問題ありません。ただ、そうしてほしい場合は伝えてください。そうでなければ、問題を解決しようとするので、イライラさせてしまうかもしれません。だから、

必要なことを教えてください」

　自分の初期状態を把握して、部下が必要なことを尋ねやすいようにしてください。1on1で、マネジャーではなく部下に焦点があたっていると、部下は自分の意見が聞いてもらえると感じて、やる気が出ます。これによって、部下のキャリアを押し進めるだけでなく、個人の目標と集団の目標の達成に向けて、みんなでどのように働くべきか、マネジャーが大きな決断を下せるようになります。

　キャリア目標のような大きな話題から、コードレビューのような細かい話題まで、本音を掘り下げるには、開かれた場所でみんなの前で行うよりもプライベートな空間で個別に行うほうがよいでしょう。1on1は、このような話題に取り組むのに最適な環境です。

そう、アジェンダは必要

　お互いをよく知っているので、1on1はカジュアルになりがちですが、アジェンダがあったほうがはるかにうまくいきます。ただし、アジェンダを厳密な形式にする必要はありません。実際、少しオープンな内容にしておくと、会話もよりオープンになります。アジェンダは、1枚紙に箇条書きしたものでも、プライベートなチャットチャンネルに追加した項目でもかまいません。**最も重要なのは、お互いが話す準備をしていることです。**

　お互いがアジェンダを持ち寄っている場合は、部下を優先するか、前もってリストを比較して項目を優先度付けすることが好ましいと考えています。マネジャーが部下のアジェンダに影響を与えるような、緊急性が高く、機密性も高いこと（たとえば、チームの再編）を話す必要があるかもしれません。私はよく、一緒に仕事をしている人との間でプライベートな共有ドキュメントを作って、お互いに項目を追加したり、1on1中にメモを取ったりできるようにしています。ドキュメントの形

式はともかく、コミュニケーションが肝心です。最良のケースでは、お互いの足並みが揃っていて、アジェンダのすべての項目が重なっているはずです。

部下にとってのアジェンダ

　仕事が大変な週もあります。イライラしやすいこともあります。しかしアジェンダを書くための時間を取ることで、「すべてが最悪！　どうしてこんな目にあわないといけないの！」といった漠然とした不満から、実行可能な項目に集中できます。そうなると、愚痴をこぼすだけではダメなのでしょうか？　もちろん、愚痴をこぼせる時間や場所も必要です。しかし、感情的なレベルでは、マネジャーはどう助けたらよいか正確にはわからないかもしれません。アジェンダに特定の話題や項目をリストアップしておけば、マネジャーはより具体的なフィードバックを与えられるようになり、その結果、部下をよりうまくサポートできるようになります。

マネジャーのためのアジェンダ

　現実を見つめましょう。おそらく、数百万枚ものお皿を同時に回していることでしょう（この比喩は不適切かもしれませんが、言わんとしていることは伝わりますよね）。頭の中はさまざまなものでいっぱい、そしてその大半は機密事項です。アジェンダがあれば、話せない話題に迷い込まないための必要な文脈が得られます。また、アジェンダに沿って話を進められます。30分の1on1のうち、すでに15分が経過しているのに、まだ話すべき話題が４つも残っていたら？　簡潔なアジェンダがあれば、初期のキャリアの自分語りをしたり、無関係な話題に脱線したりすることが減り、目の前のタスクと部下に集中しやすくなります。

1on1を一時休止したくなっても

　私たちは起きている時間の多くを仕事に費やしています。だからこそ、特にマネジャーと部下との間の仕事上の関係が健全であること、そして短期的にも長期的にも目的を持って意識的に状況を確認することが大切です。

　1on1は、カレンダー上の時間泥棒に見えるかもしれません。しかし、長い目で見れば、貴重な時間を節約してくれていることに気づくでしょう。マネジャーとして、価値が認められ、方向性が一致し、つながりを感じている部下がいるチームを持つことは、望外なことです。だから、部下を大切にしてください。そうすれば、しっかりとした見返りが得られるでしょう。

Part

2

コラボレーション

9

マネジャーとしての
コミュニケーション

　良くも悪くも、コミュニケーションはマネジャーとしての仕事でいち
ばん重要な部分です。本書のPart 2では、コミュニケーションの具体的
な方法を深く掘り下げます。その前に、まずはマネジャーとしてのコ
ミュニケーションの全体像を見てみましょう。

押し付けずリードする

　マネジメントの経験を積み、マネジメントするチームが大きくなれば
なるほど、成果に集中する必要があります。これはエンジニアだったあ
なたにとって、不自然に感じられるかもしれません。良いエンジニアで
あれば、自分で手を動かしたくなるでしょう。対応方法を詳しく知って
いるかもしれませんし、チームに教えるよりも自分でやった方が早いで
しょう。しかし、自分でやるという短絡的な方法をやめて、みんなに魚
の釣り方を教えるためにペースを落とす必要があります。その努力と

チームという規模への拡大は時間をかけて回収され、やがてそれ以上になります。これは言うほど簡単ではなく、私自身、何度もこの間違いを犯してきました。

　あなたの仕事は、何かを成し遂げるための戦術的詳細ではなく、成果に向けてみんなの足並みを揃えることです。「実現方法」は彼ら次第です。行き詰まっているときには、提案しても構いません。成果に対して合理的な納期を調整しても構いません。あなたに期待されていることは、プロジェクトの要件について話し合い、興味を持って仕事の背景を把握して、提案することです。

　これが非常に大変です！　エンジニアとして、私には「こだわり」[TM10]があります。意識しないようにしても、開発に対しては確固とした好みがあります。本書を執筆している間、私はGoogleでAngularをはじめとするたくさんのフレームワークのチームや、他のWebインフラストラクチャのグループをマネジメントしていました。その前は、Vueのコアチームメンバーでした。さらにその前は、Reactコミュニティで活発に活動するメンバーで、React Rallyなどのイベントで基調講演を行っていました。こういったフレームワークに取り組むとき、率先して口を出したくなります。なぜならば、言いたいことがたくさんあるからです。

　しかし実際には得意領域やフレームワークを熟知している非常に知的で有能なチームに**質問**をしなければなりません。戦略を話し合うときは、次のような質問をします。「このAPI定義は、ユーザーに提供できる最高のものになっていますか？　見直してほしいというフィードバックをもらっています」。あるいは、「このオーサリング形式（データを構造化する形式）は、次の10年間にわたってこのフレームワークで使われるものになりますか？」。

---

[10] 訳注：強いこだわりがあることをユーモアを含めて表現するためにTM（トレードマーク）を使っている。

質問の答えはチームに任せています。

　何よりも大切なのは、**明確であること**です。ときには、何も決まっていないところでも明確さを与える必要があります。これはすなわち、自分が伝えたい方向性を把握しておくために、コミュニケーションする前にいくらか準備する必要があるということです。問題、利用可能な解決策、それぞれのトレードオフを十分に考え抜かなければなりません。どのソフトウェアにも一定のトレードオフがあります。そのため、経験を積むにつれて「場合による」という発言がますます目立つようになります。

　少し前に、チームにあることをやってもらうように頼んだのですが、誰もやってくれませんでした。いったい何が起こったのでしょうか。非常に効率的で、協力的なチームであることを考えると、みんなが反発して行動を起こさなかったということはありません。はっきりしていなかったのは私自身でした。実際、チームの全員が理解できなかったり、行動しなかったりする場合、うまくいかない原因の共通項は、マネジャーであるあなた自身である可能性が高いのです。

目的を合わせる

　先ほどの説明したシナリオでは、私がタスクの目的を誰とも合わせていなかったのが問題の一部でした。なぜそれをするのかわからないと、みんな簡単にそれを忘れたり、優先順位を下げたりしてしまいます。繰り返し説明して、タスクの重要性の認識をグループで合わせることで、より良い結果が得られるでしょう。

　ミッション、ゴール、何かをする理由を適切に伝えられれば、たくさんの情熱的なエンジニアが最後までついてきてくれます。

繰り返す

　何度も同じことを繰り返すのを好きな人はいません。同じことを何度も言うのも、何度も聞くのもうんざりします。しかし、グループが大きくなるにつれて、たくさんのことが進んでくると、見落としが生じることがあります。そのため、何かを定着させるためには「繰り返し」が重要なツールになります。**コツは、同じメッセージを別の方法で伝えることです。**

　現在使っているコミュニケーション手段を考えてみてください。チャット、ビデオ会議、テキストメッセージ、ドキュメントのコメント、その他にもたくさんあります。人によって得意なコミュニケーション手段が異なるため、これらすべてのプラットフォームを使うことが、しつこくならずに繰り返し伝える戦略になります。

　この本の中でも、同じことを繰り返していることに気づかれたかもしれません。それはすべて、私の綿密な計画の一部なのです。

文章力と話す力

　マネジメントの階層を上がるほど、自分のチーム、ステークホルダー、あるいは同僚など、一度にたくさんの人にアイデアを伝える必要性が高まります。そのため、文章力と話す力が、グループを共通の目標に向かわせるために磨くべき重要なスキルとなります。

　文章を書くときは、あなたが文章のオーナーです。書くことは、考えることと同じぐらい大変な作業です。頭の中にある情報を紙面に落とし込むという難題に取り組まなくてはなりません。

　一方で文章を読むという行為は、まったく別の経験です。読者は、それまでにしていたことから文章の解釈へと文脈を切り替えます。文章の書式やスタイルを手がかりに、筆者の意図を理解するために時間を費や

103

す必要があります。読者は文章のオーナーではありません。読者は書き手の立場を理解しようとして、自分の考え方を修正します。その際、文章をすばやく流し読みすることも多いでしょう。

　一度何かを書いたり話したりすれば、効果的にコミュニケーションができたと思い込みたくなります。理想的な状態であれば、本当にそうなるでしょう。しかし、現実の日常生活では、必ずしもそうなるわけではありません。より良いコミュニケーションのために、採用してほしい考え方をいくつかご紹介します。

読み手や聞き手の視点から考える

　文章やスピーチをより良くするためにいちばん重要なことは、書いた後に読み手や聞き手の視点で読み返すことです。当たり前のように思えますが、実際には十分に行われていません。読み直す際は、次の点を考慮しましょう。

- 何も知らない状態でこれを見たり読んだりしたら、どう思うだろう？
- すぐに知る必要があるのは何だろう？
- 読み手や聞き手が疑問に思うかもしれない重要な質問は何だろう？　どうすればそれにすぐ答えられるだろう？

　読み手や聞き手は、誰が関係者を知る必要がありますか？　ロードマップは必要でしょうか？　根拠は必要ですか？

　これらの点を踏まえて、入念に編集することが重要です。下書きの構成を見直して、メッセージを邪魔するものをすべて取り除きましょう。わかりにくい部分は書き直しましょう。

書式を明確にする

　読み手や聞き手の注意力は貴重です。できるだけ早く解釈して次の作

業に移りたいと考えている可能性が高いためです。だからこそ、書式が非常に重要になります。文書やスライドの構成に時間を少しかけて、見出しとアウトライン（概要）でいちばん重要なポイントを表現しましょう。そうすれば、ある節にすぐに飛びたいときに、必要な情報をすぐに見つけられます。文書やスライドに大量情報を詰め込まないでください。そうしてしまうと、読み手や聞き手は無関係な情報の中からパターンを見つけ出そうとしてしまいます。情報を整理して、必要なものを見つけやすくしましょう。

　資料に作成者と最終更新日を記載するのも良い考えです。その資料を目にした人が、作成者と資料が重要だった時期を把握できるようになります。

言葉に注意を払う

　好むと好まざるとにかかわらず、リーダーシップの役割に就くと言葉に重みが生じます。これまでは無害に見えた愚痴が、組織に大きな亀裂を生む可能性を秘めています。課題の認識は重要ですが、ちょっとしたヘマでみんなの士気を下げることがあります。

　言葉に注意を払いましょう。あなたがチームを率いる唯一の人物であるかのように話すときは特に気をつけてください。称賛すべきときは、しっかり功績を認めましょう。成功を祝い、問題に対しては非難せずに、冷静に（しかし戦略的に）話しましょう。

　チームを率いる方法は一つではありません。自分がどのようなタイプのリーダーになりたいかをよく考え、行動に移しましょう。チームで守りたい価値観をよく考え、模範を示してリードしましょう。

　ときには失敗することもあります（私も経験があります）が、それでも大丈夫です。過ちを繰り返さないように失敗から学ぼうとしながらも、自身に寛容でいるようにしましょう。

透明性

　「透明性を重視する」という言葉をよく聞きます。クールな言葉ですね。しかし、この言葉の複雑さを本当に反映しているわけではありません。私は、他者が情報を隠していることを見たくないという意味で使われているのだと思います。しかし、透明性にはさまざまな段階があり、それぞれに微妙な違いがあります。一緒に紐解いていきましょう。

　透明性は、チームとつながるためにいちばん重要な方法の一つです。あなたが詳しい話を伝えていないとチームが感じたら、信頼が損なわれます。一方で、本題に切り込んでチームに正直に接することができれば、その誠実さが一緒に素晴らしいものを作り上げるための確かな基盤の一部になります。

　コミュニケーションをとる際は、みんなが全体像を把握するために必要な文脈を自問する価値があります。話さないよりはたくさん話す方が、信頼構築に役立ちます。会社に関する中身のない長い話でメッセージをごまかすのではなく、簡単な言葉で話すようにしましょう。非常に優秀な人を雇っているはずです。おそらく、彼らはあなたと一緒に情報を解釈して対応できるでしょう。あなた自身の視点だけでなく、多くの視点から背景の情報が十分に伝わっているのであれば、なおさらです。

　リーダーとしてのあなたに求める透明性の度合いは人それぞれです。どの程度の透明性を欲してるか、尋ねてもよいでしょう。私自身、その答えに驚かされることがあります。

　注意点もあります。透明性に見えるものの中には、実際には有害なものもあります。うわさ話、人の意志や行動を巧みに操るような話、非生産的な愚痴など、ある人やグループを他と対立させるようなものです。当然のことながら、その場でしっかり考えるのは簡単ではありません。特にストレスを感じているときには、私自身もこの過ちを犯してきました。しかし、誰かと正直につながるための手段が透明性なのであれば、境界線はどこにあるのでしょうか？

私は次のように境界線を引くようにしています。

「他の人やグループにこの発言を聞かれても恥ずかしくないだろうか？」

「言及されている当事者には、このフィードバックを直接伝えたか？」

　人間らしく正直であることは良いことです。しかし、誰かをけなすのは違います。私からの提案は、他者に悪影響を与えない範囲でできるだけ正直になることです。

まとめ

　エンジニアリングマネジャーとして私たちの仕事は、コードを書くことから、大きな戦略や一連のアイデアを表現することへと変わっていきます。明確さがこの役割の重要な部分です。明確に伝えることが、チームの時間とエネルギーを尊重していることの証なのです。

　自分でどのように物事を前に進めるか考えるのではなく、その道を進む理由、および望ましい成果を伝えて、チームの方向性を合わせることを考えましょう。

10

チェンジマネジメント

> 「生き残るのは最も強い者や最も賢い者ではなく、変化に最もうまく対応できる者だ」
>
> ——チャールズ・ダーウィン

マネジャーとして私たちが抱えるいちばん難しい課題の一つは、変化を通じてみんなを導くことです。変化がうまく管理されていないと、みんなは足元がぐらついていて、成功への道筋が見えないように感じてしまいます。しかし、うまく管理されていれば、変化は良い方向へ転換するための最も重要な力になることがあります。

より良い方向への変化は、単に可能なだけでなく、絶対に必要なのです。 良いリーダーは、ただ座っていつもどおりに物ごとが進むのを見ているのではなく、変化を起こす方法を明らかにしなければなりません。大企業から小さな企業まで、私はこの業界で過ごしてきた中で、時間の経過とともに変化や進化をする必要がないチームを見たことがありませ

ん。実際、変化は困難なものの、変化の過程で失敗した人よりも、変化を起こさなかった人の方が、より大きな損失を被っているのを見てきました。テクノロジーのように素早い動きのある業界では、じっとしている方が失うものは多いのです。

　あなたは、ただ現状を維持するためにこの役割にいるのではありません。組織（文化、プロセス、システム、プロダクト）を改善するためにそこにいるのです。エンジニアリングリーダーのマーク・ヘドランドはTwitter（現在はX）で次のように書いています。

　「物ごとをより良くすること。それが仕事なのです」

文化が最大の要

　組織文化の支えがない限り、どんな変化も根付くことはありません。変化に失敗すると、表面的な結果が見えます。つまり、チームがその方向に進まなかった、プロダクトが作られなかった、組織の変化が嫌がられて何も成し遂げられなかったということです。

　しかし、これらは根本的な問題から生じる諸症状に過ぎません。真の問題は人です。みんなの意識が合っていなかった。みんなが支えられていなかった。みんなが納得していなかった。**変化を実現するためには、文化が変わらなければなりません。**これが、「文化は戦略に勝る」[11]という言葉がある理由です。

私自身の経験

　私はかつて、「ノー」と言うことに慣れているチームに参加したことがあります。たくさんの顧客とインフラをサポートしなければならず、

---

[11] 訳注：原文では "culture eats strategy for breakfast" というフレーズが使われている。これはピーター・ドラッカーが残している言葉である。

スコープクリープ[12]の可能性があらゆる箇所に存在していたため、そうせざるを得なかったのです。ある意味では、「ノー」と言うことは、チームを健全に保ち合理的な目標に向かって進むためのツールでした。

　問題は、私たちが進化しなければならなかったことです。技術は一つの場所に留まるものではなく、維持する価値のある適切なプロダクトを作るためには、時間の経過とともに変化について考え始めなければなりませんでした。

　私は参加したすべての会議で「それは無理です」という言葉を聞いたと言っても過言ではありません。これには悩みました。第一に、不可能なことはありません。すべてにリスクとトレードオフがあります。追求する価値があるものもあれば、そうでないものもあります。しかし、現状の評価でさえこの「無理」という言葉で封じられてしまうため、そのような議論にたどり着けませんでした。私たちが進化することを望んでいる好奇心旺盛な人たちもあちこちにいました。しかし、悲観的な態度が蔓延していたため、進化の機会が現状によって押し流されてしまうのです。

　私が最初にしたことは、人が学びの最中に持つべき価値観について考えることでした。その結果、「好奇心」と「謙虚さ」にたどり着きました。この価値観を備えているように見える人に徐々に気づき始め、できるだけ彼らと知り合うようにしました。私たちは、未来について熱く語り合うようになりました。みんなで協力し始め、この価値観を表すプロジェクトを集めて推進し始めました。また、みんなで、なぜ進化が必要なのかを力説し始めました。

　大きなスピーチや小さなチームミーティング、1on1の場でも行いました。TPM（テクニカルプロジェクトマネジメント）、PM（プロダクトマネジメント）、戦略的パートナーや顧客の中から仲間を見つけまし

---

[12] 訳注：プロジェクトのスコープが当初計画された範囲を超えて徐々に拡大していくこと。

た。そして文書を作成して、フィードバックを得ました。

　ここではまとめて書いていますが、**これは難しく、何カ月にもわたる一貫した取り組みを要すること**を理解しておくことが重要です。自信が打ち砕かれたときもありました。諦めて、グループに現状をただ維持してもらえればいいと思ったこともあります。そんな時、チームの他のメンバーが仕事の目的を思い出させてくれたことには、とても感謝しています。

　時間が経つにつれて、否定的な意見を持つ中核グループを抜きにして、みんなが進化的なゴールを提示し始めました。それは小さく、ほとんど気づかれないようなものでした。しかし次第に、多くの人がこれらの概念を中心に将来のデザインを構成し始めました。最終的に私が組織の研究開発部門を提案したときには、みんなが賛同してくれました。これはトップダウンによる組織再編ではなく、私たちみんなが実行していた全体戦略にちょうど合致していたように思えました。

　私たちは、プロダクト、OKR、さらには組織構造まで変更しました。**しかし、何よりも最初に起こったのは文化の変化だったのです。**

いくつかのアドバイス

　本当の変化を起こすためには、みんなに理由を理解してもらう必要があります。変化は何かを解決するために行われます。それは何でしょうか？　先ほど話した経験では、チームは「研究開発機能が必要」や「プロセスを変える必要がある」という点では一致していませんでした。一致していたのは、プロダクトを進化させる必要があるという共有ビジョンでした。

　理解しようと努めてください。共有ビジョンを伝える一方で、リスクについても話し合い、さまざまな観点から成果を吟味しました。あなたにもこの取り組みが必要です。みんなに何をすべきか伝えるだけでは不

十分です。彼らの考えや意見に耳を傾けないわけにはいきません。思い出してください。あなたが採用した人たちは賢いのです。彼らは現場をよく理解しています。彼らが本当のことや、あなたが考えもしなかったかもしれないことを教えてくれると信じてください。それでも最終的には、あなたが方向性を示す必要があります。しかし、技術的な問題と同じように、問題の全体像を把握していれば、方向性はより明確で具体的なものになるでしょう。

　変更する理由を具体的に説明してください。幅広い信念や観点に響くように、変更の理由を多面的にカバーしてください。トレードオフも考慮済みであることがみんなに分かるように、それも伝えましょう。透明性を保ちましょう（前の章を参照）。このプロセスでは、古いやり方を軽視するように話してしまう傾向にあります。私もその間違いを犯してきました。しかし、今までのやり方を軽視してはいけません。なぜならば、以前の業績があなたに評価されていない、または、その状況下でみんなが最善を尽くしていたことをあなたが理解していないように、みんなに思われてしまうリスクがあるからです。前を向いて、対処しようとしている問題について真っすぐに向き合ってください。過去の仕事を否定しないでください。

　あまり耳にする話ではありませんが、たくさんの時間と労力を要する大規模な変更について話していると、**ある時点で自信を喪失しているように感じるかもしれません。**チームはよくやっていました。あなたが、これらすべての変更を導入しているのです。これでよかったのでしょうか？　しかし、強いビジョンがあれば、あなたは変化の触媒となります。火をつけるための火花にあなたがなるのです。うまくいけばこの時点で、みんながビジョンに共感しているはずです。なぜなら、それはあなた自身よりも大きくなっているからです。良いビジョンはひとりでに動き出します。あなた自身のエゴよりも大きく、あなた自身の恐怖よりも大きくなるのです。

みんなが成功するために必要なスキルを伸ばせるよう支援しましょう。
先ほどの例では、プロダクトを進化させるためにみんなが支援を必要としていた特定のスキルセットを必要としている人々を組織全体でペアリングし、プロダクトの進化に備えました。働いているチームがどこであれ、現在の組織で成功するためのスキルセットはすでに備わっています。みんなに成長を求めるのであれば、その成長のための計画を立てて、成功するための新しいスキルを身につける余地を作る必要があります。

責任を持つこと。新しいコンセプトやビジョンが非難されるかもしれません。失敗することもあります。どんなイノベーションも、失敗無しには生まれません。失敗が起こったら、責任を取らなければなりません。チームは責められません。プロセスも責められません。その状況を自分のものとして受け入れ、リーダーとして責任を認める必要があります。信頼を失ういちばんの近道は、チームを旅に送り出しておきながら、困難に直面したときに彼らを支えないことです。彼らが成功しなかったとすれば、それはあなたの責任です。**彼らの味方であってください。**

いくつかの注意点

チェンジマネジメントの中で何度も目にしてきた問題は、似たような形をしています。そういった問題を回避できるように、取り上げておきましょう。

リーダーが行動を起こすのに時間がかかりすぎる、あるいはあまりにも軽率に行動してしまうことがあります。そう、矛盾しているのはわかっています。しかし、チェンジマネジメントの種類によって、適切な速度は異なります。報告先が変わる組織変更は、できる限り前もって計画を立てて、その後は変更を速やかに実行するのがいちばんうまくいきます。新しい上司が来ると聞いたのに数カ月経っても来ないというのは、混乱を招き、ストレスを感じます。それに納得しているかどうかにかか

わらずです。

　しかし、組織が変化をなかなか受け入れられないときに、一夜にしてプロセスをすべて変えてしまうと、みんなにとって受け入れがたいものになりかねません。プロセスの変更も引き延ばされるべきではありませんが、多くの観点から意見を聞いて、仕事の進行や関わっているシステムの理解を妨げないように、ゆっくり導入していくべきかもしれません。

　短期と長期に焦点を当てること。前にも述べたように、ビジョンに焦点を当てることがいちばん重要です。簡単に陥りやすい罠は、解決しようとしている問題を話さずに、最終状態と解決策を話すことです。ちなみに、ビジョンばかりが話される一方で、聴衆は再編によって別のマネジメント配下で働くことになるのかを気にしているのも見てきました。私たちマネジャーはビジョンと戦術を明確にする必要があります。聞き手を尊重して、自分が彼らの立場だったら、どのような情報が必要かを考えてください。

　不公平な意思決定という認識。これは通常、前述の「理解しようと努める」という手順を飛ばしたとき、あるいは新しいビジョンを伝える際にリスクについて話さなかったときに起こります。意思決定のプロセスが完全に不透明である場合、みんなは何かが隠されているのではないか、あるいは意思決定に悪意があるのではないかと感じることがあります。断固とした姿勢を保ちつつも、できるだけオープンで正直であるようにしてください。懸念がある場合は、後で1on1で話し合うことを提案しましょう。**プライベートな会話やチャットも考慮してください。**もし、そこで炎上しているのであれば、何かがうまく伝わっていなかったのです。

まとめ

　変化は困難なものですが、必要不可欠です。舵取りは難しいかもしれません。しかし、より大きなビジョンと目標を固め、チームの力を引き

出せば、成し遂げることができます。

　エンジニアリングの仕事では、変更を加えればその結果をすぐに確認できます。「やった！　コンパイルが通った！」といったように。エンジニアリングマネジメントでは、サイクルがはるかに長く、変数も多く、リスクも多いかもしれません。しかしまた、その影響は非常に大規模になる可能性を秘めています。あなたは、みんながより良くなる手助けをするためにそこにいるのです。より良いプロダクトを作り、より良い組織を築くために。

　あなたならできます。

11

フィードバックの
与え方

　あなた今からチームミーティングを開こうとしています。数カ月に及ぶプロジェクトの方針転換を提案する予定です。それは大幅な見直しですが、プロジェクトの長期化と技術的な方向性を考慮すれば適切なものです。あなたは緊張していて、少し不安でもあります。この方針転換によって、チームにたくさんの仕事が増えます。ステークホルダーとの再調整も必要です。私たちは基本的な前提を問い直す必要があり、それは大変な作業です。しかし、チームとプロジェクトの健全性を考慮すれば、これが最も重要なことです。ミーティングのリンクを開いて、カメラに向かって話し始めます。画面に映るみんなの顔を見つめています。彼らは思いやりがあり、理解があり、考え込んでいるように見えます。

　これがフィードバックです。フィードバックは、二人の間の重要な議論や、ドキュメントへのコメント、また情報を伝えるときに人の顔に現れるほとんど気づかないような感情として現れます。

　本章では、より意図的にフィードバックを与えられるようになるため

のフレームワークを提案します。フィードバックによって、不満を抱えていて業績が低かった人が、幸せで業績が高い人に変わるのを見てきましたし、不適切に行われて関係性が台無しになることも見てきました。おそらく、あなたにも同じような経験があるでしょう。私たちは、肯定的なフィードバックではなく、批判的なフィードバックに焦点を当てていきます。なぜならば、批判的なフィードバックの方が難しく、うまくいかないときのリスクが大きいからです。そのため、より多くの探求と思考が必要です。

　フィードバックが難しいのは、それが客観的ではないからです。フィードバックは、自分や他人の判断を用いるプロセスの一部にあります。それはつまり、混沌としていて非決定的であることを意味します。うまくやるためには、解きほぐさなければならないことがたくさんあります。自分が役立っているかどうか、どうすれば判断できるでしょうか？　自分が見えていない場所をどうすれば見つけられるでしょうか？

　残念ながら、フィードバックは簡単ではありません。だからこそ、本書ではフィードバックに二つの章を割いています。実際、フィードバックに関する書籍や研究が無数にあります。ここではそれらを引用しつつ、私自身の経験も取り入れています。しかし、このテーマには発見すべきことがまだたくさんあります。私自身、この分野では常に学び続けていると感じています。

フィードバックはなぜ重要なのか？

　私たちの多くは、仕事に目的を見出したいと思っています。起きている時間のほとんどを仕事に費やしているわけですから。ある程度は自分で舵を取れますが、ある時点で自分の仕事が必ずしもはっきりと見えなくなり、改善のためには他者からの意見が必要になります。

　チームがいちばん価値あることに注力できるように、集中すべきこと

を明確にする必要があります。理想的には、最初から優先順位が明確で
あればよいですが、フィードバックのプロセスを通じて、時間をかけて
穏やかに軌道修正することもあります。

　また、チームが同じ目標に向かって一緒に働けるように、周りの人と
フィードバックを受けたり与えたりする必要があります。誰も独立して
働いているわけではありません。私たちはみんな、職場環境を、幸せで、
敬意がある、生産的な場所にするために、お互いのコミュニケーション
スタイルに少しずつ合わせなければなりません。

**　フィードバックに関して言えば、自分自身のエゴの中に小さく自然な
葛藤が存在します。**私たちは学び、成長したいと考えていますが、一方
で受け入れられたいとも思っているのです。より成長するために、焦点
を絞り、自分自身に挑戦するためにはフィードバックが必要となります。
しかし、このフィードバックを本当に受け入れるためには、自分を守る
ように設計された体内のシステムを回避しなければなりません。これが
やっかいです。

　私の提案は、すべてのフィードバックのやりとりをできるだけ**パート
ナーシップ**のように扱うことです。完璧で誤りのない立場からアドバイ
スをするのではありません。むしろ、共通の目標に向かって一緒に働く
二人が、パートナーシップを健全で生産的にするための一貫として
フィードバックを行うのです。「ねえ、歯に何か挟まっているよ」とい
うような感じです。このような信頼できる注意喚起であり、相手が耳を
傾ける必要があるかもしれないが、その人自身が気づけないことを伝え
るのです。このプロセスでは、あなたが相手を判断しているわけではな
いことを伝えるようにしてください。

課題

否定的と受け取られるフィードバックを受けとらせることは困難です。

なぜならば、本質的には、人間の自然な神経反応に逆らおうとしているからです。ナイキのグローバル人材開発部門のディレクターであり、産業組織心理学の博士号を持つエレナ・シャックルフォードは、次のように述べています。[13]

脳の基本的な組織原理は、「危険を最小限に抑えて、報酬を最大化する」機能であり、脅威と認識されるものから自分たちを守るように設計されています。脅威を感じると、思考停止状態になります。これは、効果的ではない方法でフィードバックを受けたときに起こります……。

*扁桃体は、感覚を通して情報を受け取り、情報を感情に変換する脳の重要な部分です。脳が脅威を感知すると、脅威を回避するために扁桃体が乗っ取られて、**分析的思考、創造的洞察、問題解決力が低下します。**誤った方法でフィードバックを与えると、受け手が脅威反応状態に陥り、あなたが与えたフィードバックを適切に内面化したり、反応したりできなくなります。*

要するに、個人やチームが成長するために実際に役立つ良いフィードバックを与えるためには、**相手が脅威を感じないようにすること**、またフィードバックが思いやりの心から来ていると感じることが大切です。

私の失敗？　もちろん、あります。この失敗で、ほとんど心が折れそうになりました。もしあなたがこの失敗をしたら、二度と繰り返さないように一生懸命努力するような失敗です。

残念ながら、人間は純粋関数[14]ではありません。ある日に入力したものが、別の日に同じ出力になるとは限らないのです。私たちは、並行し

---

[13] https://www.bluebeyondconsulting.com/2018/11/this-is-your-brain-on-feedback-how-understanding-a-little-brain-science-can-make-a-big-difference-in-your-next-feedback-conversation/

[14] 訳注：同じ入力に対して常に同じ出力を返し、副作用を持たない関数のことです。

てたくさんの問題に対応しています。家族、感情、ホルモン、外部の状況、これまでの人生のすべてなどです。フィードバックを受け取るときに、これらすべての要因が関係してくるかもしれません。

こうした課題やリスクのせいで、フィードバックを与えたり受け取ったりすることに、少し臆病になっているかもしれません。それでも問題ありません。なぜなら、フィードバックは慎重かつ熟慮して行われることが重要だからです。

チームダイナミクス

相互に信頼関係があると、フィードバックを与えたり受け取ったりすることがより簡単になります。前の章で、信頼関係を構築する方法について述べました。日々の仕事の中でも、学習する文化を育むためにできることがいくつかあります。

- チームメンバーに、フィードバックをどのように受け取りたいかを尋ねて答えを聞きましょう。彼らが自身の心の状態をよく理解しているほど、よりうまく批判的に考えて、良いコミュニケーションができるようになります。
- チームの前向きな成長を指し示して、みんなの前で称賛しましょう。これによって、あなたが彼らに学び、成長してほしいと本音で言っていることがわかります。
- 一方で、けなすような形で誰かの成長を人にさらしてはいけません。チームメンバーからでも、このようないじめを容認してはいけません。成長と信頼が阻害されてしまいます。

私のコーチであるジェシーが言うように、愛か恐怖によって人は動かされやすいものだということを忘れないでください。リーダーとして、

チームの意思決定が恐怖ではなく愛に基づいていることが好ましいのです。これは、単にヒッピー的な理由からではありません。前にも述べたように、恐怖に基づく意思決定は、ほとんど理にかなっていません。実際、恐怖に基づく意思決定が、非常に悪いビジネス成果をもたらすのを私は目の当たりにしてきました。

プロセス

フィードバックを与える際の典型的なプロセスは次のとおりです。

1 チームメンバーに、フィードバックを受け取りたい方法を事前に聞いておきます。
2 フィードバックが必要かどうかを確認します。
3 自分の動機とバイアスを確認します。
4 できるだけ早く、相手がいちばん受け入れやすい方法で、具体的にフィードバックします。
5 会話をオープンに保って、相手が質問できるようにします。
6 今後の期待と改善点について話し合います。もしフィードバックが人事規定違反に関連しているなら、次のステップと進捗状況の確認方法を明確にしてください。

すべての状況は異なるものです。そのため、多少は違う方法を選ぶ必要があるかもしれません。状況に応じて変更するようにしてください。機械ではなく、人に対応していることを常に意識してください。常に正解が一つとは限りません。

事前ワーク

　自分とチームのモチベーションを考えるとき、以前の価値観ワークを振り返ると役に立ちます。フィードバックに対する反応や引き金には、私たちの価値観や、それに伴う文脈に関係するものがいくつかあります。

　私は、チーム全員で、フィードバックの受け取り方の好みを尋ねるワークを始めました。なぜなら、ある人のフィードバックの与え方が、誰かがフィードバックを受け取りたい方法と同じとは限らないからです。このワークは考え方を明らかにするだけでなく、各自にフィードバックの受け取り方の好みを考えるように促します。このような弱さや内省を当たり前にすることで、上意下達型の指示に対応するのではなく、全員がパートナーであると感じられるようになります。

　フィードバックの受け取り方の好みと価値観とを結びつけるワークを試してもよいでしょう（チームの誰かが最初に始めたいと言わない限り、まずは自分から始めることを忘れずに）。ここでの表明は、次のようなものになるかもしれません。

　「私の価値観は○○○なので、△△△が必要だと感じています」

　実際の例を挙げてみましょう。

　「私は、もう少し優しいフィードバックを受けたいと思っています。フィードバックは、私がうまくできたことに関連していると役立ちます。これは、私の価値観の一つが尊重であり、他の仕事で尊重されなかった辛い経験があるからです」

　あるいは、

　「私は率直なフィードバックを好みます。私の価値観の一つは正直さです。子どものころ、両親が愛情を示す方法が率直だったからです。否定的なフィードバックであっても、補足説明をつける必要はありません」

　どちらの例も「間違い」ではありません。人はそれぞれ異なります。フィードバックの好みと価値観とを結びつけるかどうかは、チームに任

せてよいでしょう。人によっては、あまりに私的であると感じるかもしれません。しかし、少なくともフィードバックの表明は、全員参加にすることをお勧めします。

　正直なところ、ここでの私のアドバイスも完璧ではありません。フィードバックは難しいものです。チーム全員で率直になって、一緒に成長することは気まずくぎこちないものです。しかし、それは非常に価値のあることです。そこにこそ、本当の成長があります。とはいえ、同じ人はいませんし、同じグループもありません。身近な状況に応じて、最善の判断を下す必要があるかもしれません。

心の状態

　フィードバックを与える前に、できるだけ自分の心と相手の心の状態を確認しておくとよいでしょう。ダグラス・ストーンとシーラ・ヒーンの著書『ハーバード あなたを成長させるフィードバックの授業』（花塚恵訳、東洋経済新報社、2016）では、フィードバックを与える際に考慮すべきいくつかの要因について述べています。

- **あなたのベースライン**：感情の初期状態です。自然と楽観寄り人もいれば、漠然とした不安を感じている人もいます。
- **あなたの起伏**：フィードバックを受け取ったときに、基準からどれだけ動くかを示すものです。ポジティブなフィードバックにもネガティブなフィードバックにも、より強く反応する人もいれば、そうでない人もいます。
- **あなたの維持と回復**：起伏が続いた時間です。挫折から早く立ち直る人もいれば、そうでない人もいます。ポジティブなフィードバックによる効果が長く続く人もいます。

できるだけ心の状態が良いときに、しかもできるだけ早くフィードバックを与えるように努めてください。理想的には、太陽と月と星が一直線に並ぶのを待つのではなく、出来事の翌日か翌々日中に、あなたと相手がいちばん集中できる状態のときにフィードバックを伝えるようにしてください。そうすれば本題に入って、健全な議論が可能になります。

▤ チェックイン

フィードバックを与える前の事前ワークはすでに述べましたが、もう一つやるべきことがあります。それは、自分自身を確認することです。

そのフィードバックは本当に必要ですか？ 私の友人のサラ・ラッチェイが言うように「その利点は何ですか？」と自問してみましょう。

チームメンバーの成長を本当に見たいと思ってフィードバックを与えていますか？ このフィードバックから得られる最善のシナリオは何でしょうか？ もしその答えが「同僚とのコミュニケーションのためのより良いツールを持つこと」であれば、おそらく思いやりの気持ちから来ているでしょう。

一方で、もしその答えが「○○○が嫌いだから」であれば、相手に話す前に、自分自身でもっと掘り下げる必要があるかもしれません。なぜ、○○○にそんなに動揺するのでしょうか？ それは自分の問題でしょうか？ それとも、相手の問題でしょうか？ 自分の問題であれば、自分で解決を試みるべきことでしょうか？ フィードバックはツールです。じっくり考えずに使ってしまうと、自分の不安や盲点のために、フィードバックが武器になってしまうことがあります。

盲点に関して言えば、残念ながら、フィードバックを与えるときにバイアスも影響することがあります。人種、性別、その他の多くの外見的なアイデンティティが、フィードバックの伝え方の一貫性を欠く原因となるかもしれません。私たちは自分と似ている人をより好む傾向があり

ます[15]。マネジャーとして、自分自身の偏見を避けつつも人間らしく振る舞わなければならない職場環境にとって、これは良いニュースではありません。

とはいえ、自問自答するために、まずいくつか考えてみてもよいでしょう。もし、相手が自分と似ていたら、そもそもフィードバックを与えますか？　あるいは、フィードバックのときに自分と同じ方法で与えますか？（ここでは、自分に対して本当に正直になってください）もし、相手が自分と同じグループの一員だとしたらどうでしょうか？　たとえば、背の高い白人男性だったら？　同じフィードバックになるでしょうか？　伝え方も同じになるでしょうか？

ここで本気で自問自答してみてください。何も損はしません。ときには、自分の答えに一貫性がないこともあります。私たちはみんなバイアスを持っています[16]。実際、バイアスがないと思っている人ほど、自己評価をしていないために、より深いバイアスをかけてしまうリスクがあります。

バイアスがかかっていないか、よく考えましょう。人に対して平等に接し、チーム間で公平であることに責任を持ちましょう。

フィードバックの与え方

フィードバックの与え方に正解はありませんが、いくつかのガイドラインがあります。

▪ 心の状態を再確認する

相手はそのフィードバックを受け入れられる精神状態でしょうか？

---

[15] https://www.psychologytoday.com/us/blog/close-encounters/201812/why-do-we-people-who-are-similar-us

[16] https://ed.stanford.edu/sites/default/files/uhlmann_et_2005.pdf

また、あなた自身がその会話に対応できる良い精神状態にありますか？　そうでなくても、フィードバックを伝える必要がある場合は、どのように雰囲気や環境を調整して対応できるでしょうか？

- **フィードバックはすぐに与えていますか？**
  事前ワークは別として、理想的にはフィードバックが必要な出来事にできるたけ近いタイミングでフィードバックを与えましょう。業績評価の際に、6カ月前に起こった出来事に対して「別の方法でやるべきだった」とわかったら、失望させるどころか恥ずかしい思いをさせるかもしれません。

- **相手の好みに合わせた方法でフィードバックを伝えることを覚えていますか？**
  優しいフィードバックが求められているなら、彼らがうまくやっていることについても触れることを忘れないでください。

- **会話をオープンに保ちましょう**
  相手が情報を解釈しているときに質問できるようにしましょう。フィードバックの情報を完全に理解するためには、ニュアンスをある程度理解する必要があるかもしれません。また、この対話は脳の闘争─逃走反応を鎮めることにも役立ちます。

- **具体的に、かつ自分の経験から話しましょう**
  「あなたは○○○です」というのは、相手への感情的な人格攻撃です。代わりに、「これが起きたときに、私は○○○と感じました」と考えてみてください。相手は、あなたの感じ方には反論できません。具体例を挙げることで、相手の人格を非難するのではなく、具体的な行動について話し合えます。

- **具体的に改善できることとその理由を明らかにできれば、フィードバックはより役立ちます**

  フィードバックとそれが重要となる理由についてのビジョンを一致させてください。厳しいことを言うつもりはありませんが、この答えがわからないのであれば、おそらくフィードバックは不要でしょう。

- **フィードバックを相手の価値観や目標に結びつけてもよいでしょう**

  たとえば、決断力とイノベーションを重視しているが、プロジェクトを完了するのに時間がかかりすぎて、プロジェクトのステークホルダーが興味を失ってしまったなら、あなたが与えるフィードバックはやがて相手自身の価値観に役立つものとなります。

私は、相手にとって厳しいフィードバックを与えることは難しいと認めても良いと考えています。弱さを見せることで、相手にも正直で完璧でないことを許容する余地を作れます。この方法は、双方に思いやりと共感が生まれるための最高の土台となります。

次のステップ

フィードバックを伝えたら、今後のための指針を示しましょう。指針がなければ、問題解決のために一人で置いていかれたように感じるかもしれません。指示を出しすぎることに不安があるなら、提案をする前に「提案してもいいですか？」と尋ねてもよいでしょう。

たとえば、次のように伝えられます。

「今日のプレゼンテーションは素晴らしかったのですが、導入が長すぎました。聴衆が誰であるかを思い出すことで、より敬意を示せます。一緒に仕事をしている聴衆に対して、20枚以上の自己紹介スライドを使うと、本来の内容に使うべき時間を奪ってしまいます。聴衆はあなたをすでに知っているからです。次回の社内向けプレゼンは、導入のスラ

イドは1枚か2枚にすると良いバランスになるでしょう。あなたはプレゼンが得意なので、メッセージがより明確に伝わるようにしたいのです」

これは次のフィードバックよりも優れています。

「あなたは自分のことを話しすぎです」

詳細を伝えることはまた、その情報が相手に役立つ理由を説明することでもあります。一方で詳細を伝えることで、相手への人格攻撃や、相手の扁桃体を乗っ取って論理的に考える能力の妨害を回避できます。

キム・スコットが著書『GREAT BOSS（グレートボス）—シリコンバレー式ずけずけ言う力』（東洋経済新報社、2019）の中で、「個人に気をかけることは、個人化することではない」と述べています。例で挙げた二つ目はあまりにも大ざっぱで、改善可能な特定の点を指摘するのではなく、相手の性格を判断しているように感じられます。

理想的なフィードバックは、相手に役立つものです。つまり、必要不可欠で、よく考えられていて、仕事での成長に役立つものです。私は、フィードバックがどこでも役立つかどうかを考えるようにしています。**たとえば、このフィードバックは相手のキャリアで役立つものでしょうか？　相手のレベルアップに役立つものでしょうか？**　別の仕事に就いても役立つものでしょうか？　これらの答えが「はい」であれば、そのフィードバックは相手に役立つものである可能性が高いです。

さて、次に進みましょう……。

褒めるときは人前で、フィードバックは個別に

ここまでに信頼と弱さ、またフィードバックがその両方の醸成を促進したり妨げたりする方法を説明してきました。「褒めるときは人前で、フィードバックは個別に」という言葉を聞いたことがあるでしょう。私はこの言葉をまだ信じていますが、実際には思っている以上に複雑です。そこで、少し時間を割いて考えてみましょう。

　この考え方の核心は次のとおりです。誰かをお祝いするときには、自分に価値があると感じられるように、成果を大きな声で伝えましょう。しかし、人前での厳しいフィードバックは、恥ずかしい気持ちにさせてしまうかもしれません。なぜ、こんなに複雑なのでしょうか？

　まず、フィードバックの与え方やタイミング、そもそも与えるべきかどうかを単に評価するだけでも、どれだけ多くの変数があるかわかります。人数が増えると、さらに複雑になります。

　次に、人は判断されていると感じると、扁桃体が乗っ取られて、闘争―逃走状態に簡単に陥ります。これはフィードバックを与えるときに起こることがあります。この状況を、人前で行う場合と、1対1で行う場合とで想像してみてください。個人が嫌な気持ちになるだけではなく、他のチームのダイナミクスにも悪影響を与え、互いに安心できない文化を作り出してしまうかもしれません。チームの環境で安心感を持つことは重要です。なぜならば、一般的に心理的安全性によって人はより幸せに、より生産的になる傾向があるからです。

全社的なフィードバックプロセス

　一部の企業は、年間を通じたレビュープロセスを設けています。これは素晴らしいことです。ただし、その時期までフィードバックを待ってはいけません。何かが起こったら、みんなの記憶が新しいうちにすぐに対応しましょう。レビュープロセスでは、チームメンバーがすでに知っている主要なテーマを反映し、取り上げることがいちばんです。

　チームでフィードバックの時期がある場合は、その前に休暇やセルフケアの時間を確保しておき、フィードバックを受け取ることに対して心の余裕を持てるようにしましょう。このような行動を率先して示してください。睡眠不足や元気のない状態で、厳しくも心のこもった会話をしようとするのは最悪です。

チームの複数のメンバーにフィードバックが必要な場合

　あるプロジェクト全体が、チーム全体と共にうまくいかなかったことがありませんか？　そこでよくある共通の特徴は何でしょうか？ヒントはあなたです。

　私は「みんな、どうしてこんなことをしたんだろう？」と言ったことが何度かあります。一つのチーム全員が、指示を誤解することはありません。先に伝えたように、リーダーとしてのあなたが曖昧だったのです。

　この状況では、まずフィードバックを与えることから始めるのではなく、フィードバックを求めることから始めます。通常、なぜうまくいかなかったのか、そしてどうすればもっとよくできたのかについて、チームから何らかの文脈が得られるでしょう。一般的に、この件について彼らの意見に耳を傾ける姿勢が、次にもっとうまくやる方法についてのより広い会話のきっかけになります。またこの枠組みの中で、メンバーが自分のミスを認めようとすることが多くあります。なぜなら、そうしても安全であることをあなたが示したからです。これが次につながります。

　フィードバックは健全に成長するチームにとって重要な要素ですが、個人およびグループの両方に本当の利益をもたらすためには、慎重に行う必要があります。自分では気づけないが、他人からははっきりと見えることを自分の内面に取り込むことが、成長するための最高の方法です。また、自分のエゴとうまく付き合う方法を学べます。つまり、しなやかでありながらも、自分のエゴを脇に置いておくような方法です。

エスカレーションが必要なフィードバック

　本当の難題について話していきましょう。避けては通れないからです。

　厳しいフィードバックを伝えざるを得ない場面が当然あります。たとえば、チームの誰かが人事違反を犯した場合、期待に対してもっと毅然とした態度で臨む必要があります。事前に「人事」チームと協力して問

題を話し合い、対処方法を理解しておきましょう。ある人が誰か一人に、あるいは複数の人に害を及ぼしている場合、あなたが気づいていない法的な影響があるかもしれません。

また、チームの多くの人が同じ人物に対して問題を報告している場合もあります。その状況では、フィードバックは任意ではありません。より大きなグループのために良好な職場環境を確保する必要があります。それには、個人の行動がチームに与える影響を理解するために、その人と協力して行動に移すことが含まれます。

そのような場面でも、個人への配慮を持って状況に取り組むべきです。職場環境には境界線があり、今後の期待を明確に伝える必要があります。それ以外は、相手のためになりません。

質問をする

フィードバックの際には、できるだけ具体的に話すと役立ちます。なぜなら、何が起こっていたのか、なぜ悪い影響があったのかを解き明かせるからです。厳しいフィードバックを伝える際に、チームメンバーに尋ねる質問の例を以下に示します。

「ここで何を言おうとしていたのですか？」
「これを聞いた人には、どのように聞こえたと思いますか？」
「あなたが狙っていた影響はこれであっていますか？」
「次回はどうすればもっとうまくいきますか？」

自分の視点で出来事を話してもらいながらも、その人が気づいていないことについて他の人がどのように考えて感じているか、考えるよう促していることに注意してください。相手が正しい結論にたどり着かない場合は、あなたがそこに導く必要があります。

マネジャーの同僚同士が仕事のつらさについて話すときは通常、この

部分を話してくれます。人は普通、他人を傷つけるつもりはありません。また、マネジャーは通常、この部分の仕事に個人的な喜びを感じることはありません。

しかし、ワークショップやフィードバックを行った後でも、チームメンバーとの問題が続く場合は、改善する必要があることを具体的な期待としてまとめた、成長に向けた文書に一緒に取り組む必要があります。次の段階は、人事チームと一緒に行うPIPであり、最終的には別の道を歩むことになるかもしれません。あなたはシステムとして人をマネジメントしている立場にいるので、より広いグループの健康と安全を真剣に考えるようにしてください。大変ですよね、わかります。

フィードバックに関しては、注意すべきことがたくさんあります。また、利点もたくさんあります。これまではフィードバックを与えることについて話してきました。しかし、受け取ることについては話していません。次の章では、それについて話していきましょう。

事実を記録する

会話がうまくいかなかったら、フィードバックの会話の後に時間を少し取って、起こったことを書き留めておくことをお勧めします。

私は、まず起こった**事実**を書き留めておく欄、続いてうまくいかなかったこと、およびもっとうまくできたことに対する自分の**気持ち**を書き留めておく欄を設けるようにしています。人間の脳は、自己防衛のためにある出来事の特定の側面を強調することがあります。そのため、事実を分けて確認することが役立ちます。これは難しいかもしれませんが、ただ事実だけを確認することでより現実的に捉えられるようになります。

フィードバックを
受け取る

　マネジャーとして、チームを率いて支援する能力を繰り返し伸ばして進化するために、フィードバックを求めることもできます。この実践による良い副作用は、成長と学習が価値あるものとみなされて、仕事の自然な一部として捉えられる文化が育まれることです。フィードバックを恐怖の対象から、先にも述べた思いやりの対象へと移行できます。

　フィードバックの受け取りは難しいかもしれませんが、成長するために、またチームで正直なコミュニケーションをするために必要な弱さを示す最良の方法です。フィードバックの受け取りは非常に重要であるため、精神的に受け止められるときに求めるように注意してください。本章では、フィードバックを求め、解釈するためのツールをいくつか紹介します。なお、フィードバックを受け取ることは、自分をどれだけケアしているか、またリーダーとしてどれだけのしなやかさを身につけているかと本質的に結びついています。これは、Part4の「あなたの仕事」で詳しく説明します。

自分が成長できる分野に耳を傾け、うまく対処すればするほど、次回
からは（フィードバックの受け取りが）簡単になります。最初はおそら
く不快に感じるでしょう。これはプログラマーが初めてforループを書
くときとよく似ています。時間が経つにつれてフィードバックはより自
然になり、成長の機会となって、他者が与えてくれる親切なものと見な
せるようになります。

リーダーとして成長するためにフィードバックを求める

フィードバックを求める方法はたくさんあります。いくつか例を挙げ
てみましょう。

- **匿名のフィードバックフォームを送る**
  常に権力に偏りがあるため、仕返しを恐れることなく正直に意見を述
  べられるようになります。
- **特定のプロジェクトや出来事についてのフィードバックをグループに
  求める**
  これによって、フィードバックが具体的かつ焦点を絞ったものとなり、
  不快な個人攻撃の状況が起こる可能性を減らせます。この方法を使う
  場合は、みんなが自分の意見を整理して考えられるように、気まずい
  沈黙を受け入れてください。（私はこの沈黙が苦手です。）
- **1on1でフィードバックを求める**
  いくつかの方法がありますが、びっくりさせないように、フィード
  バックを求めることを事前に伝えておくと良いでしょう。パワーダイ
  ナミクスがあるために、その場で共有してよいことの見極めが難しい
  ことがあります。

フィードバックを受け取るときは、与えるときよりも状況をコント

ロールできません。しかし、リーダーとしての自分の仕事は、フィードバックや批判に心を開きつつも、冷静を保つように努めることです。意図的にゆっくりと呼吸をして、椅子に深く腰掛けることで、逃走―闘争反応を抑えられます。これは重要です。なぜなら、その場ですばやく行動してしまうと、悪化する可能性があるからです。

これは実際に難しいことです。 しかし、時間が経つにつれて、そして実践を重ねるほどに自然になっていきます。リーダーとして最初に行動することの重要性について何度も述べていますが、重要なことは繰り返す必要があると考えているからです。信頼と弱さに関しては、自分が規範となる行動を示さなければなりません。メンバーは皆、どのような行動が受け入れられ、称賛されるのか、あなたの行動から手がかりを探しているのです。見せてあげてください。

防衛反応

月曜日の朝です。週末は大変でした。子どもは寝てくれませんし、服も着てくれません。ご飯も食べません。シャワーを浴びる暇もなく、机の下ではパジャマを着ています。悪夢を見ましたが、内容は覚えていません。感覚だけが残っています。

部下との最初の1on1は険しい雰囲気です。部下は動揺しています。あなたが掲げる今年の大きな目標に賛同していないのです。その要因の一部は部下による誤った仮定にあります。他には、あなたが気づいてすらいなかった、彼らが必要としている文脈を伝えていなかったことも要因の一つです。チームはこの方向性にとても意欲的でした。だから、あなたとこの部下との二人だけの齟齬であって、部下がチームに話していないのか（一つの問題）、それともチームがあなたに真実を話すことを恐れているのか（別の問題）を判断しなければなりません。

午前9時35分、部下はあなたにこう言います。

「現場で何が行われているか、あなたはまったくわかっていないし、このハイレベルな目標は現実離れしています」

彼らが正しいのでしょうか？　そうかもしれません。おそらくそうなのでしょう。しかし、共通の理解を見つけて協力しようとする代わりに、このような形であなたを責めてくるのは不公平と感じるかもしれません。公平であるかどうかにかかわらず、冷静を保ち、彼らと状況を明らかにするために最善を尽くす必要があります。怒っても生産的なことは何もありません。自分のエゴを切り離して、好奇心を持って、深く掘り下げるように最善を尽くさなければなりません。そしてその過程で、彼らの感情とフィードバックが有効なものと認めなければなりません。

難しそうに見えますか？　そうです、実際に難しいのです。

誰かに否定的だと感じることを言われたときに、守りに入るのは自然なことです。しかし、人として成長し、マネジャーとして向上するためには、良い面と悪い面の両方に向き合える部分が必要になります。

状況によっては、これが信じられないほど難しいこともあります。私自身、これにかなり取り組んでいます。この話については、Netlifyに在籍していたころのマーケティング担当副社長であるローレン・セルに敬意を評します。彼女は完璧なプロフェッショナルであり、私が非常に尊敬している人物です。誰かが彼女に厳しいフィードバックを伝えると、彼女の最初の反応はいつも「素晴らしい指摘ですね。」でした。それから、そう思った理由を探り、トレードオフ、課題、今後に向けた提案を話し合っていました。ブラボーです。

では、防衛反応の引き金を分析していきましょう。そうすれば、安易に反応するのではなく、いくつかの方法で対処できるようになります。

盲点

守りに入る気持ちは、自分の盲点をわかりやすく示してくれます。何かが特に怖く感じるときは、内面を見つめる必要がある兆候だと考えて

みてください。

　フィードバックと防衛反応が起こった原因を考える時間を作るために、より明確化する質問をしてみてください。自分はやっていないのに、誰かに非難されたのでしょうか？　なぜ相手はそう感じたのでしょうか？　グループにとって不利益と考えられる行動を指摘したのでしょうか？　自分が行ったことの理由はわかりますか？　自分の行ったことには良い理由があるときもありますが、その方法については議論の余地があるかもしれません。

　質問によって、相手が伝えたい情報をより多く得られるだけでなく、問題に対してよりアカデミックなアプローチで取り組めるようになります。これによって、闘争─逃走反応を回避できます。また、次のステップをすぐに考えることなく、情報をじっくり解釈する機会も得られます。

　価値観に立ち返りましょう。あなたがおそらく尊重しなかった、相手の価値観は何でしょうか？　この状況に関係する自分の価値観は何でしょうか？　意図せずに誰かの境界を越えてしまったり、価値観を侵害してしまったりしたために、フィードバックが与えられることがあります。守りの姿勢から離れて、価値観を批判的に考えられれば、やっかいな扁桃体からコントロールを取り戻し、より論理的な精神状態になれるように努められます。

エゴのレジリエンス

　コーチのジェシーがかつて私に伝えた言葉があります。「エゴは悪者扱いされています。抑制が利いていないエゴは悪夢ですが、自分の立ち位置や居場所、必要なものを理解するためにはエゴが重要です」。本当にそのとおりです。

　前職で、エゴのレジリエンス（回復力）の評価が高いメンバーがチームにいました。この特性のおかげで、彼は一緒に働きたい人の一人になりました。実際、私が去るときには、チームの後任は彼であると確信し

ていました。彼のエゴのレジリエンスは、他の人から生産的なフィード
バックを受け取ったときに、彼の感情が傷つかなかったことを意味して
います。彼は、フィードバックを真剣に受け止め、メモを取り、学びを
自分のものとするために、フィードバックを伝えてくれた人にメモを読
み返していました。彼は「ペアプログラミング」にも最適の人物でした。
なぜなら、うまくいかないことがあっても大ごとにしないからです。自
分のミスを認めることに抵抗がなく、ただ前に進んでいました。

エゴのレジリエンスがあれば、自分と他者とを少し切り離して、責任
を取れるようになります。ある状況への対処方法を改善する必要がある
と理解したからといって、キャリアのすべてがダメになるでしょうか？
おそらくそうではないでしょう。人前でミスを認めたからといって、世
界が終わるでしょうか？　そんなことはありません。

しかし、健全なエゴはまた、自分のものと他者のものを区別すること
にも役立ちます。フィードバックには、必ず理解すべき重要な情報の一
部が含まれていることがあります。また、他者の人生で置かれている状
況によって、出来事の印象が変わることもあります。ストレスフルな状
況に直面していて、その結果、あなたに怒鳴ってしまったのでしょう
か？　エゴのおかげで、「彼はうまく対応できなかった。それは彼らの
考えであって、私の考えではない」と「私が考えるべきは、○○○を調
整する必要があるということだ」を分けて考えられるようになります。

これは盲点や、次に取り上げる「スイッチトラッキング」にも役立ち
ます。自分のエゴの管理は、自分自身の確認や過度に守りに入っていな
いかを確認するための作業に役立ちます。また、自分に向けられていな
いものを手放すことにも役立ちます。良いマネジャーは、ある程度のレ
ジリエンスを備えています。

スイッチトラッキング

ダグラス・ストーンとシーナ・ヒーンによる著書『ハーバード あな

たを成長させるフィードバックの授業』（花塚 恵訳、東洋経済新報社、2016）では、スイッチトラッキングに警鐘を鳴らしています。スイッチトラッキングとは、誰かがあなたにフィードバック（おそらく批判的なもの）を与えたときに、別の話題を持ち出すことです。

「あなたは〇〇〇をしました。それは信じられないほどに非生産的でした」

「そうですか？　あなたは、△△△をやりましたよね」

これは、スイッチトラッキングのよくある例であり、まったく役に立ちません。たとえ自分が正しかったとしても、相手が△△△をしていたとしても、別個の会話であり同時に扱うべきではありません。相手に落ち度があったり、フィードバックを受け取る必要があったりしても、あなた自身にフィードバックが不要なわけではありません。

もし自分がこれをしている、あるいはしたくなったら、謝罪して元の話に戻るように最善を尽くしてください。あなたがフィードバックを伝えるのに適した時と場所があります。今はその時ではないのです。

フィードバックがうまくいかなかったとき

フィードバックはやや危険を伴います。フィードバックのプロセスでは、自分の大部分や価値観が揺さぶられることがあります。残念ながら、うまくいくようにあらゆる努力をしても、人は入出力関数ではありません。ミスをしたり、何かを考慮に入れ損ねたりしているかもしれません。前にも述べたように、あなたも人間であり、本当に100%客観的なフィードバックなど存在しません。そういうものなのです。

あるいは、自分がフィードバックを受け取る側になり、うまく受け止められないこともあるでしょう。マネジャーとして、たくさんの難しい会話をすることになります。うまくできるときもあれば、そうでないときもあります。

では、うまくいかなかったらどうすればいいのでしょうか？

すべてを書き留めておきましょう。 起こったことに対する感情ではなく、「起こったこと」をはっきりと書き留めることに最善を尽くしてください。なぜそうするのでしょうか？　なぜなら、前にも述べたことを実践するためです。つまり事実確認です。

「ただ助けようとしただけなのに！」といった善意であっても、「ずっと逃げていた」といった悪意であっても、物事を別の角度から考える理由はたくさんあります。どんな理由であれ、実際に起きたことの解決を試みる必要があります。これは、自分の偏見、意図、目的を再確認することに役立ちます。

この内容を人事にエスカレーションして共有するつもりでしょうか？通常はしませんが、状況によってはあり得ます。これは通常、自分が防衛的な状況に陥らないようにするための演習です。深刻なエスカレーションは必要な時点で行うと有益かもしれません。

個人攻撃

誰かが本当のフィードバックを与える代わりに、性格を攻撃してきたらどうすればよいでしょうか？（前にも述べましたが）これは人格攻撃と呼ばれるものです。もし起こった場合は、できるだけ話を戻しましょう。たとえば、次のように言います。

「私たちは同じ目標を共有していると思いますが、個人的なことを言われると、解釈して前に進むのが難しくなります。○○○について、もっと具体的に詳細を教えてくれませんか？」

しかし、誰かがあなたを個人的に攻撃してきたら、**話を戻すのは非常に難しいです。**「自分の性格に対するフィードバックは求めていない」と伝えてもまったく問題ありません。聞くつもりのあるフィードバックとそうでないフィードバックの境界を表明しましょう。**また、会話から**

離れても構いません。

　私の経験上、人格攻撃は偏見が生じる場所で起こる傾向があります。女性や有色人種の人が、他の同僚に与えられるような親切で実行可能なフィードバックではなく、個人攻撃されるのを何度も目にしてきました。これは受け入れられません。自分のために、あるいは他の誰かを代表して、人事に相談する理由になります。または、この事態が繰り返されており深刻な場合は、境界線を引く、チームを再編成する、さらには転職先を探すのも適切です。

　採用担当のマネジャーであるなら、これを考慮に入れておくべきです。他の人よりもURM（過小評価されているマイノリティ、Underrepresented Minorities）の人の方が、職場を転々とするジョブホッパーが多いことに気づくかもしれません。私の提案としては、ジョブホッパーはよりたくさんの偏見に向き合い、自分の境界線を示すために離職せざるを得ない状況が多かったかもしれないと考えることです。つまり、何よりも健康と安全を優先してきたということです。人は、自分が個人攻撃にさらされていないときにこそ、最高の仕事をします。こうした行為が容認されない職場作りに尽力してください。自身にも許してはいけません。すべてのフィードバックに価値があるわけではないのです。

13

良いミーティング

　好むと好まざるにかかわらず、ミーティングはコミュニケーションと良好な職場環境を育むために不可欠です。そのため、私たちマネジャーは、ミーティングをできるだけ生産的にすることが重要です。本章では、ミーティングを整理して、しっかり文書化するためのさまざまな方法を探っていきます。また、アンチパターンを認識して、回避する方法も紹介します。

　本章を書くことに躊躇しています。なぜなら、つねに良いミーティングを主催してきたわけではないからです。しかし、数千回ものミーティングを主催し、失敗と成功から学んできました。しばらくの間、マネジメントやリーダーの仕事をしていれば、かなりの確率でさまざまなミーティングを目の当たりにするでしょう。たとえば、異なる種類の議題や目的を持つミーティング、居心地の悪さの度合いが異なるミーティング、正式な結論が出なかったミーティングなどです。本章では、これらすべてを掘り下げていきます。また、それぞれに対するヒントもいくつか紹

介します。

　ミーティングは、その定義上、完璧になることはほとんどありません。なぜなら、それは「人の集まり」だからです。人の集まりは、異なる好み、異なる意見、異なる優先順位、異なる価値観を持つ人で構成されています。完璧な（あるいは素晴らしい）ミーティングに対してみんなの意見が一致する可能性はほとんどありません。だから、旅路の半分は、意見をすり合わせることにかかっています。

良いミーティングと悪いミーティング

　一つ確かなことがあります。悪いミーティングとは何かということについてはみんなの意見が一致するということです。だから、それをまず基準にしましょう。悪いミーティングの特徴は次のとおりです。

- 目的や方向性が明確でない。
- 混沌としている。
- 適切な人が参加していない。
- 参加者が互いに敬意を払っていない。
- みんなが時間の無駄だと感じている。

　これらの主張を踏まえると、良いミーティングを導きだせます。

- ミーティングの目的が明確である。
- アジェンダがある（詳細は後で説明します）。
- 適切な人（かつ適切な人数）が参加している。**コミュニケーションが過度に複雑にならない程度の人数であり、前に進むために必要な人がいない程度の人数でもない。**
- ある程度の秩序がある。参加者が出入りしたり、お互いの話を遮った

りせず、全般に配慮を示している。

- ミーティングの終わりに、結論、成果、次のステップが明確になっている。

会議の目的と方向性

　リストの最初と最後の項目は関連しています。良いミーティングには、主な参加者間に秩序があります。特定の目的のためにみんなが集まり、ミーティングの終わりには、その目的について学んだことと、次のステップがまとめられるべきです。だから、ミーティングと始まりと終わりは少し似ているかもしれません。理想的には、みんなが必要とする情報は次の点に集約されます。

- 共通の目的は何か？
- その成果を得るために何をしていくのか？
- 誰が何を、どのように担当するか？
- どのようなタイムラインで？

　たとえば、ミーティングの冒頭は次のようになります。

　「本日集まったのは、次のバージョンのフレームワークであるXのサポート方法について話し合うためです。方向性を示す新しいデータを持ってきたので紹介します。ハッサンとジェンナには、実装の詳細について話してもらいます。アンジェラ、あなたのチームにも影響があるので、展開するためのプロセスについて調整させてください」

　ミーティングの終わりは次のようになります。

　「さて、Yという方向に進むことに決まりました。アンジェラ、そちらのチームはZに取り組むことに問題ないと思いますが、合っていますか？　合意した展開のタイムラインは5週間です。次のステップは、A、

B、Cの影響を調査して、1週間後に調査結果とプロセスを話すために再度集まることです」

　これは単なる一例です。このとおりにする必要はありません。しかし、ミーティングの冒頭と終わりで、重要な情報が抜けていないこと、またみんなが同じ情報を共有していることを確認するために、認識を合わせる必要があります。ミーティングの終わりに結論が出ていない場合、次のステップは誰が決断してみんなに知らせるのかを決めておくこと、あるいは次のミーティングに議論を持ち越すことになるかもしれません。

アジェンダ

　ミーティングにアジェンダを用意することは重要ですが、それ以上に、アジェンダをうまく活用するためには、さまざまな工夫や手段が求められます。不思議なことに、アジェンダがあっても良いミーティングにならないこともあるので、それについても探っていきましょう。

　注意点：アジェンダに厳しいルールを課すことで、おかしな文化が生まれるのを目の当たりにしてきました。アジェンダとミーティングの目的は、何かに共同で取り組むことです。その原動力に反してプロセスを優先させると、目的が無効化されます。私が働いてきた中での最高の文化では、協力するためのツールとしてミーティングとアジェンダの両方を使っていました。そうしたツールを有効活用するための責任をみんなが等しく担っているという認識があったのです。

　理想的には、アジェンダにミーティングの目的をつねに明記すべきです。個人的には、これから話すポイントをいくつか箇条書きにして、ミーティング中にそのドキュメントにメモを取るための余白を設けておくのが好みです。

　ミーティングの前に考えを書き留めておくためにアジェンダを使う人もいますが、私はこれを避けることを強くお勧めします。ミーティング

のためにメモを取る人がいても何の問題もありません。しかし、アジェンダの上から下まで資料で埋め尽くされたミーティングに参加すると、ミーティングにある協調的な要素が損なわれることがあります。これは、ミーティングで行われるべきではなく、非同期でドキュメントを共有して読まれるべきです。ミーティングの目的の一部は、議論そのものなのです。

　大事なことなので、もう一度言います。ミーティングの目的の一部は、議論そのものです。

すべてのミーティングが同じではない

　ミーティングにはさまざまな種類があります。それぞれにどのアジェンダを使うか見ていきましょう。

機能横断的な会議

　ここでは、より形式を整えて準備されたアジェンダが本当に役立ちます。すべての関係者が目的と議論内容についての情報を十分に持てるようにするためです。情報量が多すぎる場合には、アジェンダにすべてを書いておく代わりに、1枚紙を作って事前に共有することをお勧めします。みんなが忙しすぎて事前にすべてを読める時間がないとわかっているなら、冒頭の5分間でグループで1枚紙を読む時間を取ることがあります。そうすることで、みんなの認識を合わせられます。これに感謝してくれる人がほとんどです。状況にもよりますが。

週次の議論、あるいはデイリースタンドアップ

　非公式な週次の議論やデイリースタンドアップであれば、通常、参加者に好きなアジェンダを追記してもらうようにしています。その際、自分の名前と小さなカテゴリを前に書いてもらうようにしています。たと

えば、**A**は周知（Announce）、**RD**は早く決めること（Rapid Decision）、**D**は議論（Discussion）、**Q**は質問（Question）です。一例を示します。

[Sarah, RD] 後回しにした議題をトリアージするために4時間を確保すべきか？

　私がマネジメントしてきたチームには、スタンドアップ中にカンバンを使うチームがたくさんあります。各自がある期間でこれからすることを順番に話していきます。これは便利です。なぜなら、週のタスクと優先順位を確定させるために役立つから、また作業が完了する前に偶発的なズレがあれば軌道修正できるからです。

　また、このミーティングでは、前の週に行ったことやリリースしたことも話します。特に時間がかかったり、たくさんの労力が必要だったりするタスクについては、少しお祝いしましょう。試行錯誤を通じて、週に2回のチェックインが適切だとわかったチームもいくつかあります。1週間を始めるために月曜日に1回、認識を合わせて勢いを維持するために水曜日に1回、という具合です。

　たくさんのチームをマネジメントしていますが、各チームのスタイルや適した方法に基づいて、それぞれが少しずつ異なる方法を利用しています。それでいいのです！　自分のマネジメントするすべてのチームが同じプロセスに従うかどうかは、それほど重要ではありません。いちばん生産的だと感じられる方法を使うべきです。

ブレインストーミング

　おそらく完全なアジェンダは不要です。目的とメモ欄、あるいはオンラインのホワイトボードツール（Miroはその一例）を使って、みんなの考えを書き留めておくための小さなエリアを用意するだけでよいでしょう。ブレインストーミングの場では、構造に沿って進むような圧力

ほど活発なコラボレーションの流れを妨げてしまうものはないので、完全なアジェンダは不要なのです。

　多少の指針としてアジェンダに主なテーマを挙げておくのは構いませんが、箇条書きであるほど、かつ簡潔であるほど、その場が生産的になります。また、アイデアを出し合うためにはグループ内にある程度の信頼が必要です。グループのサイズも大きすぎない方がよいでしょう。開始時に信頼関係が築けていない場合は、アイスブレイクから始める必要があるかもしれません。

　私はリモートワークの大ファンですし、こういったミーティングもリモートで開催できます。しかし、他のミーティングとは異なり、ブレインストーミングは対面の方が本当にやりやすいと考えています。活発な議論を生み出すために、チームのオフサイトの集まりにブレインストーミングを組み込むとよいでしょう。

あらゆる種類の気まずさ

　さて、あなたがミーティングを主催したとしましょう。目的を伝えて、方向性とタイムラインを設定しました。しかし、なぜあんなにミーティングが気まずかったのでしょうか？

　実際、気まずさがすべて悪いわけではありません。ある種の気まずさは非常に自然なものです。有害なものもあります。最も無害なものから、かなり陰湿なものに至るまで、分析していきましょう。

お互いをよく知らない

　Netlifyで働いていたときのチームは、私がこれまで仕事をしてきた中でいちばん愉快で、いちばん協力的で、信頼できるグループの一つでした。積極的に文化を育てていて、それがとても楽しかったのです。ミーティングはいつも冗談や雑談から始まりました。それから本題に

入っていきました。

　お互いに気楽な関係だったので、ミーティングは円滑に進みました。あるとき、人事部の友人に質問されました。

　「チームの緊張をほぐすために何かしてる？」

　私は冗談交じりに答えました。

　「緊張？　私のチームで？　ないない、そんなの必要ないよ。たぶん緊張したほうがいいのかも！」

　すべての会話がこのようになるわけではありません。この状況では、お互いをよく知っていて、積極的に弱さを見せるように一緒に取り組んでいました。

　あまりよく知らない他のグループとのミーティングで気まずい瞬間があっても、それはかなり自然なことで、あまり気にしすぎる必要はありません。実際、多様な人や観点をうまく取り入れているのであれば、チームの居心地はある程度悪くなります[17]。しかし、複数の視点からイノベーションを起こしたり、リスクを見極めたりできるので、長期的には実際のパフォーマンスが高まるのです。

　雑談を試みても良いでしょう。役立つかもしれません。しかし、強引にしすぎると、それはそれで堅苦しく感じることがあります。だから、**この点はあまり気負わないでください。**あなたに何か問題があるわけではありません。約束します。

人が多すぎる、または適切な人がいない

　ミーティングの目的と方向性を示す、という話を覚えていますか？ミーティングに参加している人の中に、この情報を知る必要のない人がいるのであれば、そもそもその人はミーティングに参加するべきではないでしょう。

---

[17] https://hbr.org/2016/09/diverse-teams-feel-less-comfortable-and-thats-why-they-perform-better

パンデミック中、夫と私は、対面でのディナーパーティーの代わりに、Zoomで同じものを試したことがあります。そして、大人数ではうまくいかないことを学びました。12人以上の対面パーティーでは、実際みんなが1箇所に留まっているわけではなく、小さなグループに分かれて会話しています。Zoomパーティーを小さなグループで開催し始めると、会話がよりスムーズになり、リラックスして快適になりました。これは個人的な例ですが、職場環境にも同様のダイナミクスがあります。

ある程度の規模になると、一人の話者に多くの視線が集まるため、会話が表面的なパフォーマンスのように感じられるようになります。ミーティングも非常に似ています。**ミーティングにあまりにもたくさんの人を招待しないようにしましょう。**招待しないことで、疎外感を抱く人がいるかもしれないと心配になる場合は、その人の出席を任意としてマークしておくか、あるいは結果を後で必ず知らせることを伝えておけばよいでしょう。

全員がすべての決定に関与すべきである、という企業文化のためにたくさんの人を招待しているのであれば、解決すべきより大きな問題がある兆候かもしれません。オーナーシップに関する明快な理解がなければ、ある規模の企業は機能不全に陥り始めます。**誰かの感情を傷つけるの怖くて全員をミーティングに招待しているのであれば、それはおそらくミーティングに問題があるのではなく、みんなの役割と責任が不明瞭であることを示す兆候です。**

みんなが言わないことがある

このぎこちなさが、おそらくいちばん有害なものでしょう。ミーティングが気まずいのは、人が本音を話しにくかったり、象が部屋にいたり[18]、あるいは対処すべき臭いがあったりするからです。象の臭い？

---

[18] 訳注：存在感のある象がいるのに誰も気づいていないかのように、誰もが見て見ぬふりをしている問題がある状態。

まぁ、話を進めましょう。

　マネジャーとして、これに注意すべきであり、何か対応すべきです。個人的には、私は「火に向かって歩いて消化する」タイプの人間なので、お互いに透明性がないように感じられるので気まずい、とただ認めてしまいます。自分の視点からわかっていることを伝えて、他の人も同じように感じているか言葉に出して尋ねます。

　この発言をしたら、通常は少し待つ必要があります。あなたが思い切って口に出したことに、みんなが少し驚いていることでしょう。本音を話すことで何が起こるか考え、整理するために数秒かかるかもしれません。この間、沈黙を埋めようとして発言してはいけません。不快に感じるかもしれませんが、約束します。みんなが話し始めるまで少しの間、沈黙を保つ必要があります。すると通常は、みんな一斉に話し始めて、問題を実際に掘り下げられるようになります。

対立

　対立はそのトピック自体が十分に大きく機微なトピックであり、専用の時間と紙面を割く価値があるため、次章で扱います。しかし、良いミーティングと対立への対応には直接関係があるため、ここでいくつかの原則を適用してみましょう。

　ここでいちばん重要な要素は、対立は避けるべきものではないということです。みんなが自分の仕事に情熱を感じているのは悪いことではありません。むしろ素晴らしいことです。すべての対立が悪いわけではありません。ミーティングの目的は、みんなの認識が合っていないところを明らかにすることかもしれません。みんなが解決しようとしている問題や基本的な前提があるかもしれませんが、解決策については見解が異なるかもしれません。そのため認識が合っている箇所を見つけられると役立ちます。特定の個人のアイデンティティに縛られずにアイデアを具

体化できるようになります。

　ある二人がアイデアそのものではなく、自分のアイデアについて議論していると、考えではなく自分自身が拒否されているように感じられてしまうので、アイデンティティが落とし穴になることがあります。誰かが攻撃されていると感じなくて済む場所、お互いに尊重にし合う場所に向かうように、同僚を導くように心がけていきたいものです。

　マネジャーの仕事は、健全な対立と攻撃とを区別して、尊重のある対話を促進することです。個人攻撃が行われているなら、それを抑え込んで、会話を仕事へと向けるのはあなたの仕事です。そうしないと、会話を生産的に保つのが本当に難しくなります。

　通常は、みんなの主張をしっかりと聞いた上で、自分が聞いて理解したことを話し合い、共通の目的に立ち返って、議論をまとめるとよいでしょう。そうすることで、共通認識が見つかります。

　次に例を示します。

　「私が聞いたところでは、ラシダは自分のチームが大きな機能をリリースしようとしている最中に、チームXが自分のチームに影響を及ぼすシステムへのマイグレーションを行っていると感じている、ということです。これで合っていますか？」

　「そして、ジェロームからは、安定性のためにチームXがシステムをすぐにマイグレーションできることが重要だと感じていると聞いています。合っていますか？」

　「わかりました。会社がある程度の安定性を保持しながら機能をリリースできるようにするという共通の目標があるようですね。たぶん、タイムラインで動かせるものと動かせないものを話し合ってみて、調整を続けてはどうでしょうか？」

　「みんな、何の問題も無く機能をリリースしたい、また新しいシステムが稼働してほしいと考えているはずです」

　ここでは、自分が聞いて理解したことを述べました。これによって、

相手は自分の意見を聞いてもらったと感じたり、あるいは誤解や意思疎通に齟齬があれば訂正したりできます（時にはそういうこともあります！）。

それから、両者に共通する目標と、対立の一部を解決する必要のあるリスクや制約を話しました。

上記の最後の文は、両者のもっともなニーズを満たす安定性というビジョンに結びつけようとしていることに注目してください。

Note

ここでは一例を挙げました。まったく同じようにする必要はありません。いちばん重要なのは、みんなが自分の意見が聞かれていると感じることと、**対立の内容**を合意することです。また、そもそもの議論の本当の理由を明らかにしながら、議論に対してオープンであり続けること（みんなの意見に耳を傾け、柔軟に対応すること）も重要です。

会議中に激しい対立が生じて、行き詰まってしまうこともあります。そんなときには、みんなに立ち直る時間を与える必要があります。1週間後に改めてフォローアップとして別のミーティングを設定して、その間に個別に参加者の意見をしっかり聞いてみることをお勧めします。ときには、問題から少し距離を置く必要がある人もいますし、その日の調子が悪いこともあるでしょう。それでまったく問題ありません。

DRI

良いミーティングにはDRI（**直接の責任者、Directly Responsible Individual**）が必要です。DRIは、必ずしもミーティングを開催した人ではありません。あなたでもないかもしれません。しかし、プロジェクトのオーナーとして、最終的に意思決定する人を指名しなければなりません。

なぜDRIが必要なのでしょうか？　全員の意見を聞きたいと思っていても、最終的には決断を下さなければならず、ソフトウェア開発（そして人生）には必ずしも真の答えが一つだけとは限らないことがたくさんあります。

　PWMD（決定を下す人、Person Who Makes Decisions）という表現ではないことに注意してください。そのような略語はかなりハードコアに見えますが。代わりに、直接の**責任者**という表現を使っています。なぜなら、DRIを決める核となるからです。つまり、DRIは結果に対して責任を負う人物です。

　これは、ミーティングに参加する全員が平等に発言権を持てない理由を示しています。もし自分のプロジェクトで、下された意思決定の結果に責任を負っているのであれば、意思決定の責任もまた自分が負う必要があることがわかります。同様に、自らリスクを背負っていない人が意思決定をすると、全体像を理解していなかったり、問題の重要性に対して十分に投資していなかったりするかもしれません。

　DACI（推進者、改善者、貢献者、報告先）のように、各ステークホルダーを分離することで自分の役割を把握できるようにする、オーナーシップに関するプロジェクトマネジメントのフレームワークがいくつかあります。他にも、RACI（責任者、説明責任者、相談先、報告先）やRAPID（推薦、合意、実行、入力、決定）などのフレームワークもあります。自分の組織に最も適したシステムを使ってください。

　DRIの任命によって、グループが最終的な決断を下して前に進めるだけでなく、重要な役割を担う当事者に責任を負わせることができます。私は、プロジェクトの早い段階でこの人物を決めて、ミーティングの冒頭で再確認するのが最善だと考えています（アジェンダに含めてもよいでしょう）。なぜなら、岐路に立たされたときに大いに役立つからです。

まとめ

　ミーティングはときに、エンジニアリングプロセスの足かせのように感じられるかもしれませんが、いつもそう感じる必要はありません。お互いを尊重して共通の目的に向かって働く人と協力することには、特別な価値があります。みんなが間違った方向に向かっているときに、良いミーティングによって明確な指針が得られ、何時間、何日もの作業を節約できます。明確なオーナーシップ、ドキュメント、適切な人をミーティングに招集することで、問題が複雑だったとしても、たくさんのチームの足並みを揃え続けられるのです。

14

対立のマネジメント

　ソフトウェアエンジニアリングのキャリアから、エンジニアリングマネジメントへと転身した際に、「これも自分の仕事なのか？」といちばん驚く瞬間の一つが対立のマネジメントです。それはまた、リーダーとしての役割の中でも最も重要な部分の一つでもあります。対立をうまくマネジメントする方法を学び、その過程では物事を悪化させるのではなく、できれば改善することが絶対に必要です。

　対立のマネジメントは、一度学べばそれで終わりといったものではありません。私は10年以上マネジメントをしているにもかかわらず、対立のマネジメントについては絶えず新しいことを学んでいます。

　エゴに似て、対立には悪いイメージがあります。その言葉自体によって、剣を交える様子、人々の分裂、眉をひそめている様子が想起されます。しかし、そうではありません。

　対立は、実際には必要不可欠であり、生産的な職場環境の一部です。なぜでしょうか？　なぜなら、お互いから学び合うときにこそいちばん

うまく一緒に働けるからです。そして、その過程である程度の意見の不一致なしには、それは実現できません。

デレック・シヴァースは、自身の著書『Hell Yeah or No』[19]の中で次のように書いています。

「自分の好みをよく理解しておかなければなりません。なぜなら、何をしようとも、あなたは間違っていると誰かに言われるからです」

真に革新的な概念のほとんどは、現状に挑むものです。このプロセスの一部として、アイデアに異を唱えて具体化し、リスクを考慮し、関係者全員が近くにある対象の規模や形を把握できるようにするためには、対立が必要です。

対立は、成長と学びの機会となることがあります。人生の中で本当にレベルアップしたり、たくさん学んだりしたときをふりかえってみると、おそらく対立が関係していたことでしょう。それが内的な対立（なぜ、コンパイルが通らないの!?）であれ、外的な対立（その方法で作るべきではないと思う。この方法のほうが良いよ！）であれ、改善が必要なことに取り組み、本当にそれを解決することで、本当は問題があるのに、「すべてが順調だ」と自分に思い込ませるよりも、より良い結果が得られます。

対立は、自分がコンフォートゾーンの外側にいることを意味します。また、対立は自分が何者であるかを見つめる機会にもなります。いつもそのように感じられるとは限りませんし、すべての対立が良いわけではありません。しかし、生産的な対立を成長の機会と捉えることで、それほど生産的でない対立に直面しても正気を保てるのです。

---

[19] https://sive.rs/n

偽りの調和と生産的な対立

　良好な職場環境には、対立がなく意見が一致しているものだと考えたくなるかもしれませんが、そうではありません。重要なのは、異論を唱えても世界が崩壊したり、個人攻撃に陥ったりしない健全な環境を作ることです。

　たとえば、あるグループにアイデアを提案したとします。ロードマップにある特定の機能に大きな変更を加えたいと考えています。ここで、二つの反応を考えてみましょう。

　沈黙の後に、「なるほど、いいですね」という反応。

　あるいは、同僚がこう言います。

「XとYの理由から、これが最善だとは思いません」

　最初のシナリオは、偽りの調和と呼ばれる状態です。みんなが同意しているように見えますが、静かに口をつぐんでいるのです。自分の意見を述べることのコストがわからないのです。

　2番目のシナリオでは、あなたが対処できるように、同僚はあなたが考えていなかったアイデアのリスクについて教えてくれるか、あるいは懸念事項を提起してくれたのです。この種の情報は非常に強力です。自分が気づいていなかったリスクを指摘してくれる人は、非常に貴重な存在です。優れた計画を立てるために、あるいはリスクが大きすぎる場合は計画を立てないために、この情報が必要なのです。すでに考慮済みで答えがある場合であっても、これは素晴らしいことです！　問題に正面から取り組めることを意味しており、否定的な考えや感情が時間とともにくすぶって爆発することがありません。

リーダーとしての職位が上がるにつれて、実際の問題の核心から遠ざかっていくため、問題の真実を教えてもらうために部下や他のみんなに頼る必要性がますます高まります。

対立を恐れるのではなく、受け入れましょう。同時に、この種の会話を生産的に保つためのツールがいくつか必要です。お互いを攻撃したり、されていると感じたりせずに、アイデアを共有する方法を見出す必要があります。対立が、他者の価値観とは異なる自分の価値観に根ざしている可能性があることを理解する必要があります。異議を唱えるべき時と場所、異議を唱えた上で指定された意思決定者と共にコミットすべき時と場所を理解する必要があります。

すぐに行動する

個人レベルでも組織レベルでも対立があるときは、すぐに対処することが重要です。これは、誰かが問題を抱えるたびにすべてを中断するということを意味しているわけではありません。対処すべき対立と、個人的な好みや意見の可能性である対立とを明確に区別すべきということを意味しています。

問題を解決せずに放置すると、従業員の間に不確実性が生じて、その曖昧さによって気が散ってやる気を失うことがあります。私の提案は、問題が悪化しないようにできるだけ早く、問題に応じた注意を払って対処することです。これは、対立を避けて、問題が単に過ぎ去ることを願っている私たちにとっては難しいことかもしれません。たしかに、対立をそのままにしておくことが役立つときもあります。しかし残念ながら、そのような場面は少なく、マネジャーとしては自ら火中に飛び込んで消火することが求められます。

アイデアとアイデンティティを分けて考える

　フィードバックの章で取り上げたように、人は攻撃されていると感じると、冷静で客観的な立場から対立に取り組むことが非常に難しくなります。そのため、生産的な意見の相違のための最良の方法は最初から、アイデアからいかなる個人的な愛着も断ち切ることです。

　アイデアを「私のアイデア」として提案するのはよくあることです。ここでのキーワードは「私の」です。自分の仕事や考えが評価されたいと思うのは自然なことです。しかし、議論の目的は、自分の価値やアイデンティティを証明することではありません。理想的には、チームと同僚とうまく協力していれば、自然とうまくいくはずです。

　アイデアを「アイデア」として捉えられるでしょうか？　私たちは、無数に可能性が存在する世界に生きています。あなたが提案したアイデアはその一つです。たたき台としては良いかもしれませんが、磨きをかける必要があります。以前に持っていた情報からすれば良いアイデアだったけれども、新しい情報が得られたらどうでしょうか。いずれにせよ、たくさんの考えが存在します。それがあなたのものであることは重要ではありません。重要なのは、会社と社内のみんなにとって適切であることです。

　正直に言うと、私はこれに本当に苦労しています。言うは易く行うは難しで、有害なエゴがある環境で働いたことがあるなら、やがて自分自身を守るようになるのは自然なことです。しかし、自分の行動から始めて、より良い環境を作ろうとするのに遅すぎることはありません。

　自分のアイデアと自分のアイデンティティを切り離すのに苦労するときは、私は自分自身に問いかけています。アイデアに守りに入っていると感じたら、会話から少し離れて、静かに考えている人に意見を求めます。これには二つの効果があります。一つは、他の人の声が大きいためにかき消されているかもしれない人の意見を聞けること。もう一つは、他の人のアイデアを踏みにじらないように、自分の気持ちを一休みして、

考える時間を確保できることです。

あなたはチームを率いています。チームは、あなたが良い行動を見せてくれると期待しています。できるだけオープンで協力的なチームを作りたいと考えていることでしょう。マネジャーとして、自分がそういった特性を備えられるよう努めることが重要です。

対立と価値観を理解する

Part 1 では、価値観の価値について話しました。個人の価値観の理解が、その人の行動や世界を捉え方に深く関わっている理由を説明しました。価値観は、対立でも大きな役割を果たします。対立がある場合、共有の価値観に合わせること、あるいはなぜある人が他の人のよりもある価値観を持っているのか、その背景の理解がしばしば役立ちます。両方を見ていきましょう。

たとえば、あるメンバーは「議論」を、別のメンバーは「安定」を、さらに別のメンバーは「学習」を重視しているとします。問題が生じると、彼らは同じ議論をまったく異なる観点で捉える可能性があります。

議論を好むメンバーと学習を好むメンバーは、二人とも新しい解決策を見つけようとするので、最初はうまくいきます。しかし、安定を重視するメンバーは、この変化が怖いと感じるかもしれません。仕事の基盤がひっくり返されてしまうし、準備ができていないと感じているからです。学習を重視するメンバーは、この展開が始まると去っていくかもしれません。なぜなら、グループがいちばん生産的に学べていた時期が終わったと考えるからです。しかし、議論を好むメンバーは興奮しています！ まさにこれです！ ついに対立の問題の核心に迫ってきており、解決できそうです！

価値観のワークに少しでも取り組まなければ、この種のやりとりはやや混沌としたものと感じられるかもしれません。どうすれば、誰もが受

け入れられていると感じられるようになるでしょうか？

　私は、チームメンバーの価値観を考えて、各自の価値観に少し配慮して、ときにはその違いを声に出すことさえあります（ただし、ここは慎重に。個人攻撃と受け取られるかもしれないからです）。

　では、価値観のワークからどのような手法が取れるか、見ていきましょう。

　「いいですね、素晴らしいです。みんなでお互いに協力して問題を解決しようとしています。途中で、自問自答してみてもよいかもしれません。『変える必要はありますか？　変えたとしたら、あるいは変えなかったとしたら、どんなリスクがあるでしょう？』」

　みんなが同じようにしても良いことを知ってもらうために、個人的な弱みを示してもよいでしょう。

　「何か見落としていることはありますか？　**話し合えていないことは**何でしょうか？」

　これは最重要な例ではありませんが、変化に対する恐れへの対応と安定性の潜在的な利点について話し合っていることがわかるでしょう。また、チームで学びながらも、多少の議論の余地も残しています。

　チームの個々のメンバーにとって、何がどのように聞こえるか考えることで、みんなが共通認識に立ち返り、状況と結果についてもう少し論理的に考えられるようになります。

心理的安全性の構築

　チームを作り上げる際に、幅広い関係者に（成果を）示す前に、みんなが安心して作業をして、協力できる場所を用意することが重要です。

　誰もがたくさんの視線が集まる大きな空間で気軽に発言できるわけではないため、これが役立ちます。ここでのリスクは、声がいちばん大きく、主張が最も強い人の思いどおりになる環境をうっかり作ってしまう

ことです。

　お互いをよく知らない内向的なメンバーがいるチームでは、他のグループから自信たっぷりな誰かがやってきて、意見爆弾を簡単に投下していきます。その意見にみんな不本意ながらも静かに同意してしまうかもしれません。私はとても静かなチームをマネジメントしたことがあります。ただ発言しにくいという理由で、不適切なでたらめな意見に屈してしまうのを見るのは、心苦しいものでした。

　こういったグループは、間違いを恐れて静かにしていることもあります。問題は、みんながアイデアを出せて、最終的な結果にこだわらない場所が必要だということです。これらの場所は、少なくとも最初はオープンな場所よりも、小さな信頼できるグループになるでしょう。

　私もときに意見爆弾を投下する人になるため、みんなのための環境の作り方についてたくさん内省しなければなりません。自分が含まれるべきではない状況にも慣れる必要があります。この類の人であるなら、チームに余地を作る必要があるかもしれないことを理解してください。

　最初は、すべてをオープンにして、みんなに発言権を与えることが、より健全な仕事のやり方であるように見えるかもしれません。しかし、内向的な人が安全に発言できる場がないと、彼らの意見を聞き逃して、声の大きい人が自ら次々に発言してしまうかもしれません。忘れてはいけません。内向的な人も素晴らしい意見を持っています。

最終的な決定を下す

　対立が生じている場合、それは通常、価値観の衝突、あるいは成果と目標の齟齬が原因です。全員の価値観の一致は不可能です。しかし、成果が曖昧なところは明確にできます。ミッションや成果に焦点を当てて、それに整合することで非常に生産的になります。これにより、縄張り争いと不要な官僚主義が解消される早さには驚かされます。

データドリブンな方法で解決できる対立もあります。過去のデータを見て、期間を区切って調査し、可能であればデータアナリストを巻き込む方法です。しかし、正解が本当になく、意見の問題に帰結する対立もあります。意見のやっかいなところは、人権問題を直接話していない限り（これはあとで取り上げます）、進むべき道が複数あることです。この状況では、意見を尊重していること、また問題に対する考えを聞きたいことをみんなに理解してもらいつつも、より全社的な目標や戦略に沿った決断を下す必要性も理解してもらってください。この時点では、DRIあるいは意思決定フレームワークがいちばん効果的で、誰にとっても明確である必要があります。DRIが新しい情報をもとに、考えを変えられるような人物であれば、さらに良いでしょう。

Note

なぜ、みんなで最終的な意思決定を下さないのでしょうか？ これについてはすでに触れていますが、再度言及しておく価値があります。決定の結果に最も責任を負っている人は、そうでない人に比べて大きな発言権があるべきです。たとえば、あなたが他の組織と働いていて、その組織運営に意見がありますか？ その場合、自分には見えていない文脈を見落としているかもしれません。つまり、技術的負債の量、過去のデータ、社会的なニュアンスなどです。プロジェクトに直接取り組んでいる人、あるいは何かがうまくいかなかったときに責任を取る人が、公平を期すために、決定に対して多少なりとも発言権を持つべきです。

とはいえ、異なる意見に耳を傾けて集めることも重要です。「あなたから聞いたことは.....です。これで合っていますか？」のように伝えると役立ちます。判断されずに聞いてもらえたと相手に感じてもらうだけでなく、自分が誤解していれば訂正してもらえます。相手の言っていることを理解していると思っていても、この質問を通じて相手から明確にしてもらったことがよくあることに驚くかもしれません（あるいは驚かないかも！）。

まとめ

　「対立」という言葉によって、戦いや反対勢力が想起されます。しかし、すべての対立が悪いわけではありません。対立によってリスクが明らかになり、協力してプロセスを改善でき、前向きな変化をもたらせます。重要なのは明確さを維持すること、また個人攻撃を排してより大きな目標に焦点を当てて、健全な対立へとみんなを導くことです。

　チームに、全体像に焦点を当ててもらうこと、意見に耳を傾けること、心理的安全性を提供すること、そして議論の時間を区切って決断を下す人の任命が継続できれば、対立が隠れたり、永遠に長引いたりする状況を回避できます。ここでも、重要なのは明確さです。

15

クロスチームと
オープンソースの
コラボレーション

エンジニアリング組織が孤立（サイロ化）して働いている可能性は低いです。小さなグループであれば、他の企業に相談に乗ってもらうことがあるかもしれません。規模が拡大したら、社内の他の部門と協力する必要があるかもしれません。

同時に、オープンソースソフトウェアも盛り上がっています。大企業は、オープンなコラボレーションに基づくソフトウェアを基盤として構築しており、大規模なコミュニティでの採用による利益をたくさん享受しています。フリーかつオープンソースなソフトウェアは、世界中にいる人が結集して、みんなの努力とスキルを統合できるという点ですばらしいものです。

他のグループと協働するときエチケットは、社内であれ社外であれ、それほど変わりません。だから、チーム横断のコラボレーションとオープンソースのコラボレーションを同時に取り上げましょう。どのようにすればいちばんうまく働けるのか、考えてみる価値があります。

他の人と一緒に働くときの振る舞い方が、自分の作業がマージされるかどうか、誰かが自分の課題に取り組んでくれるか、場合によっては、そのリポジトリへの参加を将来的にブロックされる理由にもなります。本章は、これらのコミュニケーションを円滑に進めるためのガイドです。他のステークホルダーにコラボレーションしてもらう側のプロジェクトのメンテナー側の視点と、他のチームからプロジェクトに参加するユーザー側の視点の両方を見ていきます。

どちらの視点にも共通するテーマは、お互いの時間を尊重すること、明確にすること、感謝の気持ちを表すことです。どちらかの立場で時間を使っていることがよくあります。協力する際は、思いやりと感謝の気持ちを持つことがとても効果的です。

メンテナー側の視点からのコラボレーション

あなたとチームは、おそらくプロジェクトの細部、良いところも悪いところのどちらもよく知っていることでしょう。優先順位の付け方、簡単に修正できること、「ドラゴンが潜む場所（危険な場所）」も把握しています。一つの問題に深く関わっていると、いわゆる「知識の呪い」にかかります。自分にはよくわかっているので、外部から見ても同じぐらい明らかだと思い込んでしまうのです。残念ながら、必ずしもそうとは限りません。プロジェクトのユーザーと潜在的なコントリビューターに対して、いくらか明確にすることで、自分の時間とストレスを軽減できます。明確にするためのいくつかの方法を以下に示します。

- 「助けてほしい（help wanted）」や「初心者向け（beginner friendly）」のようなラベルを使って、プロジェクトに初めて参加する人が取り組める課題へと案内しましょう。
- makefile、CONTRIBUTING.mdを作り、READMEにプロジェクトの

構造、使用されているスタイルの種類、求められている（または求められていない）プルリクエストの種類を書いておきましょう。私のArray Explorerプロジェクトからのちょっとした例を紹介します。https://github.com/sdras/array-explorer/blob/main/CONTRIBUTING.md

- issueテンプレートをうまく活用しましょう。非常に人気のあるプロジェクトの場合、独自のフォームを作ってバリデーション（検証）してもよいかもしれません。（Vueではこれを行なっています。https://new-issue.vuejs.org/?repo=vuejs/vue）これによって、必要な情報を確実に取得でき、タスクに取り組むために必要な情報が足りないissueを閉じるのに無駄な手間を省けます。

- 誰かに助けを求めたり、「help wanted」というラベルを付いたissueに誰かがプルリクエストを送ってきたりしたときに、マージしないと決めた場合は、それをクローズする理由をコメントに書いて説明しましょう。説明しなければ、あなたが行動を促したのですから、相手の費やした時間に敬意を欠くことになります。また、クローズあるいはマージしたプルリクエストには、それぞれ理由の説明や「ありがとう」と言うために、コメントを残すことをお勧めします。

衛生管理

プロジェクトであなたの時間とエネルギーを取り合う人がたくさんいると、少し疲れることがあります。人間関係の面で、物事を整理して円滑に進めるためのヒントをいくつか紹介します。

- 受け入れられる行動とそうでない行動を明確にする行動規範（code of conduct）を用意して、周知しましょう。コントリビューター行動規範[20]を検討してもよいでしょう。GitHubでもいくつかの基本テンプレートを使って、簡単に行動規範を設定できるようになっています。

- 誰かが混乱していたら、善意を前提としてください。その人に対して苛立ちを感じているなら、そのissueから少し距離を置いて、プロジェクトに興味を持ってくれていることに感謝しようと努めてください。
- 活発なコントリビューターからのプルリクエストを閉じて、同じことを自分で再実装しないでください。絶対に……これだけはしてはいけません。
- issueで個人的な言い争いが起きたら、できるだけ早くコアメンテナーのみに制限してください。issueをロックして、必要であれば行動規範を強制するようにしてください。

ユーザー側の視点からのコラボレーション

　次はチームの外部メンバーの視点から考えてみましょう。メンテナーの時間とプロジェクトに敬意を払うために、最初から自分でできることをすべて行うようにしてください。コードを書く前に下調べが少し必要です。

- プロジェクトで何かする前に、コントリビューターガイドラインにしっかり目を通してください。リポジトリのルートにCONTRIBUTING.mdというファイルがよくあります。もしなければ、issueを立てて、作成の手伝いができないか尋ねてみましょう。
- 新機能の問い合わせや、バグの報告をする前にプロジェクトへの謝意を伝えると、通常感謝されます。
- 権利を主張しないでください。プロジェクトのメンテナーはあなたに何の借りもありません。プロジェクトを使い始めたら、その維持を手伝う責任があなたにも生じます。プロジェクトの運営方法が気に入ら

---

[20] 訳注：https://www.contributor-covenant.org/ja/version/1/4/code-of-conduct/

ないなら、状況を改善するための提案や支援を申し出るときに、敬意を払いましょう。自分が進めたい方向と異なると強く感じているなら、いつでもプロジェクトをフォークして自分で作業しても構いません。

- issueを立てるときは、可能であればオンラインのコードエディター（codepenやcodesandbox）、できなければGitHubリポジトリを使って、小さな個別の再現コードを作りましょう。このプロセスを通じて、根本的な問題を見つけられるかもしれません（あるいは、問題ではなかったことに気づくかもしれません）。また、メンテナーが簡単に問題を解決しやすくなります。

- issueを立てるときは、問題に対する解決策を提案してください。数分かけて少し調べてください。このブログ記事[21]では、ソースコードを少し深く調べる方法がいくつか提案されています。進め方がわからなかったら、その旨を説明してください。

- 自分で解決できないissueを立てる際は、それを説明してください。自分で立てたissueは、自分で解決することが期待されています。もし他の誰かが解決してくれたのであれば、それはあなたへの贈り物です（きちんと感謝を伝えましょう）。

- 「これはもうメンテナンスされていないのでは？」といったissueを立ててはいけません。こういったコメントは、メンテナーが費やした時間の侮辱に当たります。プロジェクトが無効であると読まれてしまいます。休暇を取っていたり、他のことに取り組んでいたり、父親が亡くなったり、子どもができたり、コードに振り回されないための無数の人間的な理由があるだけです。今後のロードマップを尋ねたり、過去のコミットから自分の好みに合うメンテナンスがされていないと判断したりしても構いません。無料で何かを作ってくれた人に対して、暗に嫌味を言ってはいけません。

---

[21] https://kentcdodds.com/blog/what-open-source-project-should-i-contribute-to

- 自分がコアコントリビューターではないプロジェクトに非常に大きな プルリクエストを出したい場合は、まずissueを使ってこの方向性で よいか尋ねてみるのがよいでしょう。また、事前に注意を向けても らって計画を伝えてあるので、プルリクエストがマージされる可能性 が高くなります。一度に把握する量が多くならないように、プルリク エストを小さく分割するとさらによいでしょう。

プロジェクトに少し深く関わるようになったら、一般的な衛生管理で も気をつける点がいくつかあります。

- 有効なコードであったとしても、プロジェクトの方向性とは異なると いう理由から、プルリクエストが丁寧に断られたら、そのプルリクエ ストにコメントをし続けてはいけません。その時点で、ある機能の必 要性を強く感じているなら、プロジェクトをフォークする方がよいか もしれません。
- ベンチマークを実行する場合は、フレームワーク/ライブラリなどの 開発者に、走らせようとしているベンチマークのコードを事前に見せ てください。開発者がプルリクエストを送れるようにしましょう（期 限を設けてもよいでしょう）。そうすれば、ベンチマークを実行する 際に、開発者の承認が得られていることがわかり、できるだけ公平に なります。また、これによって、本番環境やユーザーのエラーではな く、開発者によるエラーをベンチマークしてしまうような問題も解決 されます。
- 同じ会社で働いていて、プルリクエストやissueが長引き始めたら、 スレッドで会話し続けるのではなく、通話での解決を提案しましょう。 通話の方が早く意見が一致することがあります。テキストだけでは解 決が難しいことも、お互いの顔を見ながらであれば、ミラーニューロ ンが助けてくれることがあります。

まとめ

　ここまでのコラボレーションに共通するテーマは、礼儀正しくすること、敬意を払うこと、親切であることです。チーム間やオープンソースのコラボレーションの価値は計り知れません。簡単なエチケットのルールに従うことで、誰しもにとってより良い環境を作れます。

　プロジェクトの維持は大変で、あまり感謝されないことを覚えておいてください。一方で、本当に助けになりたいと考えている、プロジェクトのユーザーもたくさんいます。コミュニケーションを取って協力するときは、これを念頭に置いておきましょう。そうすることで、より協力的で生産的になれるのです

チームが最高の
仕事をできるように
支援する

16

チームの仕事の
優先度付け

　もし、スーパーで買い物をして、美容院で髪を切り、運動も1時間以内で済ませなければならないとしたら、どのように感じますか？　おそらく、すべてのタスクを終わらせるのは現実的ではないと理解して、ちょっとパニックになるかもしれません。どのタスクが重要かわからないと、さらに混乱します。では、すべてのタスクが終わらないとしたら、どのタスクを優先すべきなのでしょうか？

　マネジャーの仕事は、優先度付けに大きく関わっています。どんな役割（テックリード、エンジニアリングマネジャー、ディレクター、VP）であっても、効果的な優先度付けの重要性を理解する必要があります。優先度付けは、チームが役割を果たすために必要な明確さを得るために不可欠です。そうでなければ、結果としてカオスになります。

　チームの仕事は、優先度付けされている必要があります。理由は次のとおりです。

- やるべきことは多いが、時間が足りない場合、何から始めるべきか理解する必要があるため
- それらのタスクをうまくこなすために、絞り込む必要があるため

また、チームが効果的に働けるようにするために、自分の時間の優先度付けも重要です。ただし、その部分は本書の後半、Part 4「あなたの仕事」で取り上げます。本章は、特にチームに焦点を当てています。チームの優先度付けに関する詳細は、以降の五つの章で説明します。

優先度付けの基本

チームの時間に優先度付けする方法の本質は、会社の規模と段階に大きく関係しています。プロダクト開発機能はありますか？　資金調達をしており、取締役会はありますか？　どんな市場を開拓していますか？あなたのグループは、社内のニーズ、セールス機能のニーズ、開発者グループのニーズ、またはユーザーグループのニーズを満たしていますか？　これらすべての要因が、優先度付けに影響します。

本章では、既存のツールがなく、ゼロから何かをつくる場合の優先度付けのためのツールを紹介します。また、OKRといったような、企業で一般に存在するシステムを理解する方法についても説明します。ビジネスニーズとこの部分の関わり方について、背景知識を提供します。

OKRを利用する

企業全体にわたる要素としてOKR（Objectives and Key Results）があります。OKRは、結果が計測可能であり、自分とチームに責任を持たせられるデータ駆動型のシステムの確立のために、業界横断で広く採用されているパターンです。OKRの詳細にはここでは立ち入りません

が、詳細について興味がある場合は、ジョン・ドーアの「Measure What Matters：伝説のベンチャー投資家がGoogleに教えた成功手法 OKR」（日経BP、2018）を強くお勧めします。この本では、OKRの歴史と目的が説明されています。

OKRで知っておくべきこととして、OKRは「目標」と「主要な成果」に分かれていることがあります。

目標は、ハイレベルのゴールであり、将来像や想像を駆り立てるものであるべきです。たとえば、Chromeのある時点での目標は「ブラウザをオペレーティングシステムにする」でした。マイクロソフトのある時点での目標は「すべての家庭にコンピューターを」でした。こういったハイレベルの目標によって、完了すべきさまざまな仕事がどのように刺激されるかわかるでしょう。そして、誰もがそのゴールに対して自分の仕事を照らし合わせられます。

主要な成果は、時間の経過とともに計測可能な具体的なデータのことです。たとえば「ユーザー数を増やしたい」というのは、主要な成果としては機能しません。しかし、「来年までにサインアップ数を3倍にする必要がある」というのは機能します。2009年のChromeの初期戦略は、「不可能には健全な無関心を」[22]というものでしたが、実際の主要な成果は「年末までに1億1100万人の週間アクティブユーザー」でした。

> ## Note
> Chromeはこの数字の達成に向けて順調だったわけではないことを考慮することが重要です。一つ前の数値は、5000万人の週間アクティブユーザーであり、実際には3800万人の週間アクティブユーザーにしか達していませんでした。みんなにとって、ムーンショット（大胆な目標）と積極的な目標設定には、ある種の安全性があることが明らかであるべきで

---

[22] 訳注：ラリー・ページが2009年にミシガン大で行なったスピーチの1節から。不可能と思われることに対しても、それを恐れず挑戦する積極的な姿勢や考え方を表している。

す。「Measure What Matters」は、70%ルールを提案しています。70%
という成功率に慣れましょう。

良い、実行可能なOKRを作るために、目標と主要な成果の両方に取
り組みましょう。そして、何よりも重要なのは、無数にあってもいけな
いということです。チームが集中できるように、全体のOKRの数を制
限しましょう。

OKRについての他の重要な特徴は次のとおりです。

- トップレベルのビジネスゴールや戦略によって定義されます。
- 一度定義されたら、誰にとっても見つけやすく、明確であるべきです。
  ハンドブックがあるなら、そこに記載しましょう。飽きるまで何度も
  繰り返して伝えましょう。
- OKRを決めているときは、特に同僚からのフィードバックに反応す
  る必要があります。社内の全グループに大きく異なるOKRがあると、
  みんな別のことに取り組もうとして、共有のゴールに向かって協力す
  るのが難しくなります。OKRは機能を横断している同僚のものと同
  じである必要はありません。しかし同僚は、あなたが決めたことの重
  要性に同意して、助けようとする意思があるべきです。その逆もまた
  然りです。
- これまでに述べたようなOKRによって多少は不快になるでしょう。
  挑戦しようとしているのだから、目標はワクワクするものにしましょ
  う。

システムの例

まず、トップレベルのOKRから、日々のタスクに落とし込むまでど
のように全体を進めていくか掘り下げていきましょう。このシステムの

利用は必須ではありません。正直なところ、さまざまな理由からこれらのステップが実行不可能な規模の企業にいるかもしれません。しかし、中間レベルの例を使って具体的な言葉で大まかに説明することで、埋める必要のあるギャップを見つけたり、反対に手に負えないことを見極めたりできます。

ステップ ❶ OKRの定義

企業内の階層や組織の相対的な規模に応じて、最上位レベルのOKRの定義に関われるかどうかは異なります。メトリクスのためのシステムはどんなものであっても、いくつかの理由から欠陥があります。つまり、私たちは未来を予測することはできず、過去のみしか評価できず、業界は急速に変化するということです。したがって、私たちが活動する分野に応じて**ときどき調整する必要があるかもしれません**。しかし、OKRはそれでも進捗を把握・評価するために価値があります。

最上位レベルでは、私は将来のOKRを定義するときに、二つのことを行います。一つは未来を見ること、もう一つは過去をふりかえることです。未来を見るときは、日々の業務から離れて大局を考えます。たとえば、次の数年で波を起こすために私たちの会社で何ができることは？　そのために私はどうやって貢献できるだろう？　といったことです。

これらのコンセプトを固めていくときに、過去もふりかえってみましょう。この方向性についてデータは何を示しているだろうか？　このアイデアの成長ペースは現在どれぐらいだろうか？　私がアクセスできるデータは？　未知のことは何だろう？　私が埋められるギャップは何だろう？

社内にデータチームがあるなら、彼らを巻き込む絶好の機会です。通常、彼らはあなたの質問に対して、正しい問いかけをできるようにトレーニングを受けています。OKRの定義を進めるときに、その種の好奇心を快く受け入れましょう。

　このプロセスを進めている間は、全員にこのプロセス自体を明確に伝えましょう。チームや同僚、ステークホルダーに、自分が考えていることを伝えて、プロセス中に彼らからフィードバックを受けられるようにしてください。

ステップ ❷ OKRを具体的なものに分解する

　最上位のOKRとして「サインアップ数を300%増やす」を設定することは妥当かもしれませんが、そのOKRが実際のエンジニアリング作業にどのように落とし込まれるかはわかりにくいです。通常は機能のアイデア出しやロードマップに取り組むプロダクト機能があり、エンジニアリングマネジャーは実現方法に焦点を当てます。しかし、小さな会社や、大きい会社の特定のチームでは、このように細分化されていないかもしれません。その場合について、ここから話していきましょう。

　サインアップ数を増やすため、過去に何によって会社にインパクトがあったかを見てみましょう。データに急増が見られるなら（データがない場合は、まずそこに対処する必要がありますが）、手がかりがいくつか得られるはずです。今回の例では、サインアップ数の増加につながったものは次のとおりです。

- 大型の機能リリース
- 企業カンファレンス
- アプリやマーケティングサイトでの良いSEOや情報構造
- 壊れている、またはわかりにくいサインアップフローの改修
- ドキュメントの改善とオンボーディングの改善
- ケーススタディ
- 資金調達の発表
- 開発者への啓発活動

全部はできません。チームの規模、上記の各イベントによる相対的な影響度、実現に必要な時間を考慮すれば、計画をいくつか立てられます。

例を見てみましょう。たとえば、あなたが働いている会社で、いちばん大きなインパクトを与えたものが機能リリース、ケーススタディ、資金調達の発表だったとします。資金調達はあなたの担当ではないので、選択肢から外れます（ただし、投資家との電話会議への参加により貢献できます）。ケーススタディもあなたの部門の担当ではないかもしれませんが、マーケティング部門との協力を約束して、彼らが必要とする情報を提供したり、エンジニアにインタビューを受けてもらったりできます。

これで機能リリースが残ります。過去のデータによると、機能リリースごとのサインアップ数の増加率は50%だったので、目標達成に必要なリリース数を他の取り組みと合わせて逆算できます。

その他すべての施策が与える影響も考慮して、必要なリリース回数が3回だったとしましょう。ここから、ある期間内に実現可能なペースをチームと検討できます。いつも想定した以上に時間がかかるので、余裕を持って計画しましょう。

もちろん、リリースをさらに細かく分解する必要があります。私はGitHubのマイルストーン機能を使って、issueをたくさん追加するやり方が好みです。なぜなら、進捗を簡単に把握でき、さらに改善するためにラベルも追加できるからです。このプロセスは、次の章で詳しく説明します。

ステップ ❸ 四半期の計画スプレッドシートの作成

OKRは通常1年で定義されます。開始当初はモチベーションが高いかもしれませんが、その高さを維持するのは難しいかもしれません。四半期での計画スプレッドシートは、次の理由で役立ちます。

- 有益なリマインダーとして、誰もが見える場所に書いておきしょう。（私は組織のドキュメントの最上段に書いています。）
- チームにたくさんの他の作業を押し付けてくる「スコープクリープ」を防げます。たとえば、

  ステークホルダー：「そちらのチームでXってできます？」

  私：「たぶんできます。でも、（スプレッドシートを見せながら）すでに設定している優先度との兼ね合いだとどうでしょう？」

  私：「リストにある他の何かの優先度が下がるなら、取り組めると思います」
- 四半期は妥当な期間です。なぜならば、通常、その期間で状況は変わるものの、劇的な変化ではないためです。もし、劇的に変化することがあっても、そこまで深刻なことではありません。また、3カ月あれば全部ではないとしても、何かは作れます。だから、プロジェクトに対して詳細なデータがある程度得られます。

　四半期の計画スプレッドシートに含めるフィールドの例は次のとおりです。

- プロジェクト名
- プロジェクトの詳細情報を記したドキュメントへのリンク
- プロジェクトオーナーやリーダーへの連絡先
- 優先度レベル（私は通常、「高優先」のタグは3つまでに制限しています）
- プロジェクトが「継続中」か「期限付き」を表すタグ（「継続中」は、チームがいつも行なっていることを意味します。たとえば、Xテンプレートの保守などです。「期限付き」は、開始と完了があるプロジェクトを意味します。たとえば、あるカンファレンスで、プロジェクトXについて話す予定などです）

- プロジェクトに関連するデータやダッシュボードへのリンク
- （あれば）リリース日

　これらのフィールドをそのまま使う必要はありません。チームにとって意味のあるフィールドを使いましょう。重要なのは、このスプレッドシートが役立つことです。

　このドキュメントを、Slack、電子メール、会議、ハンドブックなどあらゆる形式のコミュニケーションで広く伝わるようにしてください。理想的には、3カ月が経過して結果を報告したときに、**誰もが驚かない**ように認識を広めておくことです。目標に向かって取り組んでゴールにたどり着いたときに「あなたのチームがこれに取り組んでいたなんて知らなかったよ」とステークホルダーから言われたら、嫌な気持ちになります。そうならないようにしましょう。

　3カ月が経過したら、結果と学んだことの共有をお勧めします。会社や組織内のプレゼンテーション、ニュースレターのような電子メール、または会社でよく使われている効果的なコミュニケーション手段を使って共有しましょう。

メトリクスの限界

　3カ月の単位で、エンジニアリングのスループットもまた計測できます。LinearBのような優れたツールを使うことで、クローズされたissueや、マージされたプルリクエストなどの状況を評価できます。これは、チームごとのケイデンス[23]に対する目標設定や、何か大きく外れている場合の発見に役立ちます（10人のチームで1週間にマージされたプルリクエストが3つだとしたら？　何が起こっているのでしょうか？）。

---

[23] 訳注：組織内の業務や活動のリズムや速度のこと

Note

　注意点があります。エンジニアリングのスループットは簡単に（ずるい方法で）操作されるメトリクスです。たとえば、小さなissueをたくさんクローズしたり、簡単なプルリクエストにだけ取り組んだり、といった方法です。そのような操作の中には、実際には健全なものもあります。レビュー不可能な、扱いにくく巨大なプルリクエストは望ましくありません。しかし一方で、こういったメトリクスからわからないこともたくさんあります。

　サイトの信頼性に関わるあらゆる種類の問題を引き起こしていた本当にやっかいなバグを解決するために、チーム全員が数日かけて一つのプルリクエストに取り組んだとしたらどうでしょうか？　こうした仕事は非常に生産的であり、私はチームが数値を上げるために忙しく働くよりも、むしろこのプルリクエストにチームが集中して完了させることを重視します。

　プルリクエストのレビューはどうでしょうか？　誰かが手抜きのプルリクエストをすばやく出して、その後に慎重で注意深いレビュワーが副作用があることに気づいてブランチを作り、改善すべきことを慎重に調べているかもしれません。

　こういったメトリクスの測定は困難です。だからこそ、エンジニアリングメトリクスを単独でガイドとして使ってはいけません。このメトリクスは、チームのコミュニケーションから得られる定性的な分析で補完されなくてはいけません。

　エンジニアリングスループットもまた、作業速度が上がっていることのサインになるかもしれませんが、だからといってみんなが取り組んでいることを把握できるわけではありません。みんなが単に忙しくするのではなく、ビジネスにとって正しいことに取り組んでいるかどうかを再確認するためには、チームとのコミュニケーションが不可欠です。

メトリクスは、異常値について話し合ったり、ケイデンスを把握したり、時間の経過とともにより正確な作業見積もりを得るために、非常に価値があります。

　信頼はここでも効きます。OKRを設定するなら、チームと一緒にそれに従って、値を計測して、年間を通じてモニタリングします。そして、プロジェクトが完了したらお祝いしましょう。うまく目標設定できれば、チームメンバーは明確な感覚が得られます。チームは、自分たちが取り組んでいることによって、目立った成果が得られていると理解すべきです。そうでなければ、みんなで別のアプローチを考える必要があります。

すべてが重要なら、重要なものは何もない

　無数のOKRやメトリクスを作っても、良い結果が期待できるわけではありません。全体像を見て優先度付けするということの一部は、プロジェクトのいくつかを手放して、最重要なことに積極的に取り組むことを意味します。

　最重要なゴールを明確にして、他のものを手放す覚悟が必要です。これにはいくつかの方法があります。

- 全プロジェクトを棚卸しして、優先度付けして、下位にあるものを削除します。
- 特定のプロジェクトは戦略に対して重要でないと判断して、当初から削除します。
- 残すプロジェクトもありますが、重要ではないことを明らかにして、長いタイムラインを設定します。これは他の戦略ほどお勧めできるものではありませんが（メンテナンスや依存関係のような理由から）、他に選択肢がない場合もあります。実際、単に仕事を続けるよりも、プロジェクトを削除・廃止する方がよりたくさんのエネルギーが必要

な場合もあります。

　ノーを伝えるのは難しいことですが、チームに重要な余裕とスペース
を作るためには、ノーと言わなければなりません。ミドルマネジメント
の立場であれば、部下から文脈を集めて、上層部にプロジェクト削除の
必要性を訴えるために、たくさんの仕事が必要になるかもしれません。
私は通常、ステークホルダーとコミュニケーションして、彼らの最優先
事項との整合をとり、適切に優先度付けしなければ、最優先事項が犠牲
になるリスクがあることをはっきりさせています。これは難しい会話に
なりますが、持ち込めるデータが多いほど、パートナーシップのように
扱うほど、簡単になります。

17

プルリクエストの
スコープを絞る方法

　マネジャーとしていちばん価値のあるスキルの一つは、大きく、野心的で、抽象的な仕事を管理しやすいピースへと、チームが分割することを助けることです。その単位は小さいほど良いです。なぜ、サイズという一見些細なことを重要視するのでしょうか？　たくさんの理由がありますが、適切な理由は次のとおりです。

- レビュワーに優しい
- テストしやすい
- イテレーション[24]しやすい

　チームがスコープを絞り込むのを助けることは、誰も私に教えてくれなかった戦術的なスキルの一つですが、私は時間をかけて実務経験から

---

[24] 訳注：コードの改善や修正を継続的に繰り返し行うこと

学びました。マネジャーやリーダーを長く務めてきた人であれば、プル
リクエストのスコープを絞り込む方法をすでに知っているかもしれませ
ん。しかし、エンジニアリングマネジメントに携わり始めたばかりの人
にとっては重要なので、紹介する価値があります。プルリクエスト
（GoogleではCL：Change Listとも呼ばれる）の絞り込みが重要な理由
を3つ再確認してみましょう。

小さなプルリクエストはレビュワーに優しい

評価のためにコードをたくさん読んで理解しなければならない場合、
何かを見落としやすくなります。レビュワーの立場から考えてみましょ
う。レビュワーの仕事は、このプロセスを通じて、読んでいるコードを
できるだけ最高の状態にすることです。そうするためには、相互に絡み
合うすべてのパーツと潜在的なリスクを想像できるように、レビュワー
にかかる認知負荷を軽減しましょう。

変更箇所が多いほど、必要な会話も多くなります。変更箇所が多すぎ
ると、会話がなくなります。また、プルリクエストが大きいと、レビュ
ワーがコミュニケーターとしての仕事をたくさんする必要が生じます。
この仕事には二つのスキルが必要です。つまり、実際のコードレビュー
スキルと、変更がなぜ・どのように行われたかをやりとりするスキルで
す。

私自身もレビュワーとして、巨大なコードの塊を受け取ることがあり
ます。その中には、取り入れたいものもあれば、取り入れられないもの
もあります。これはつまり、私がこの概念を噛み砕いて、それらの違い
を説明して、イテレーションの計画を話し合わなければならないことを
意味します。これ自体は問題ありませんが、特にコミュニケーションが
うまくいかないと、チームにダメージを与える可能性があるため、関係
者全員に大きな精神的負担がかかります。小さなプルリクエストであれ

ば会話の焦点を絞り込むので、複雑なコミュニケーションの必要性が
減ります。

小さなプルリクエストはテストしやすく、イテレーションしやすい

　大きなプルリクエストには、隠れた副作用や見えにくい相互に絡み合
うパーツがたくさん含まれている可能性があります。変更内容がより不
透明になります。相互に絡み合うパーツが少ないと、テスト戦略が明確
になるだけでなく、テストのカバー範囲も明確になります。

　たとえば、巨大なプルリクエストが一つと、テストがいくつかある場
合、カバレッジが十分かどうか確かめるために、プルリクエストの内容
と関連するテストの種類との照合に、かなりの時間をかける必要があり
ます。

　相互に絡み合うパーツを少なくすることで、コードベース内での他に
影響がある箇所が明確になります。プルリクエストが大きいほど、予期
せぬサプライズが増える可能性があります。作業を調整したり、見直し
たり、受け入れられなかったりする場合であっても、イテレーションし
やすくなります。個人としても、開発者の時間という意味のどちらで
あっても、投資が少なくなります。プルリクエストのサイズが大きいほ
ど、軌道修正することなく誤った方向へ長い時間進んでしまう可能性が
高まります。この投資の中には個人的なものもあります。人は自分の仕
事にたくさんの時間を費やすと、それに愛着が湧いてしまい、フィード
バックを受け入れにくくなることがあります。

　この投資の一部は、ビジネス上の懸念になります。開発者の時間は高
価なのです。もし、1週間もずっと没頭して作業していてコミュニケー
ションしておらず、作業の一部が使えないとなったら、企業の収益やプ
ロダクトのリリース能力には役立ちません。

　成果を小さなピースで作っておけば、プロジェクト外で変化が起きた

り優先度が変わったりしても、より迅速にコミュニケーションして修正できます。チームメイトもまた、すぐにあなたから次の成果が出てくると信頼してくれるでしょう。チームメイトが進んであなたの作業をレビューして取り込む速度に、びっくりするかもしれません。

プロジェクトを分解する

作業を分解する方法がいくつかあります。このセクションでそれらを見ていきましょう。

アウトプットに対する明確な期待

これはツールというよりは人に関係があります。社内にプロジェクトマネジャーという役割（プロダクトマネジャーではない）がある場合、彼らは通常、チケットをより管理しやすい単位に分解して、作業の規模と時間の見積もりに非常に効果的な役割を果たします。チームによっては、エンジニアリングマネジャーやプロダクトマネジャーがこの役割を担うこともあります。

エンジニアリング作業の見積もりは信じられないほど困難です。2分で終わると思っていたことが、数時間や数日かかることもあれば、逆もまた然りです。だからゴールから始めましょう。そのチケットからどのようなアウトプットを期待していますか？　そこから、逆算します。この変更によって、コードベースのどの部分が影響を受けますか？　プロジェクトに不慣れであれば、チーム内の先輩に、更新が必要な部分の調査を手伝ってもらいましょう。

可能であれば、それらを別のタスクに分割してください。たとえお互いに依存していたとしても、通常はステップ1、ステップ2というように分割する方法を見つけられます。以降で説明するブランチモデルをあなたが使っていて、レビュワーと明確にコミュニケーションしているな

ら、彼らは一つの巨大な完成プロダクトではなく、たくさんの作業の
ピースがあなたから出てくることを期待しています。

ブランチング

ブランチモデルでは、ブランチ上での作業のイテレーションを通じて、
自分が取り組んでいることをコミュニケーションします。通常、これら
のブランチは、プロジェクトに関連する意味のある名前が付けられます。
たとえば、フィーチャー名、リファクタリング名、ときにはバージョニ
ングも含まれます。このようなブランチを使う利点は、一箇所で頻繁に
作業できること、およびすべてを一度完了させると誰も期待していない
ことです。

しかし、ブランチには調整が必要です。つまりチームメンバーは、こ
の作業が特定の部分に関連していることと、作業が完了するまでにマー
ジしないことを知っている必要があります。特定のブランチ上で行うべ
き作業がたくさんある場合、おそらくマージしても何も壊れないことを
検証するためのエンドツーエンドテストが必要になるでしょう。

Issueとプルリクエストのラベル

私は通常、チームにブランチとラベルを使って作業を絞り込んでもら
います。ブランチとラベルを一緒に使うと非常に効果的です。たとえば、
ロードマップ1.0にある特定のフィーチャーの一部に取り組んでいると
します。同僚は別の部分に取り組んでいます。両者が同じラベル、別の
ブランチを使っているなら、誰が何に取り組んでいるか明らかでき、そ
れらの変更をまとめて追跡するようにできます。これによって、プロ
ジェクト全体および細かな部分で行われている作業がわかるようになる
ので、みんなが段階的に作業を進められます。

フィーチャーフラグ

フィーチャーフラグを使うと、本番環境でテストできるコードを段階的に確認して、ゆっくりとマージできます。私がTrulia/zillowで働いていたときは、ブラウザで設定できるCookieと一緒にこのモデルをよく使っていました。これによって、ステークホルダーが確認するだけでなく、スプリットテスト[25]を実行して、ピークタイムの前にコンフリクトを解決できました。私たちは徐々に本番環境へ展開し、他のチームと協力しながら作業を監視しました。これによって、相互に絡み合うパーツがたくさんあるような特に大きく重要なリリースでも、非常に連携が取れた対応が可能になりました。

私がNetlifyで働いていたときは、高速デプロイの最新リリースにフィーチャーフラグをうまく活用しました[26]。特に、Flipper[27]というRuby gemを使っていました。本番環境でのテストを好んでおり、このプロセスによって初日から本番環境への展開が可能になり、テレメトリを利用することで変更がどの程度うまく機能しているかを監視できたのです。

関心事の数

私が見てきた中でいちばん効果的で、レビュワーとしても気に入っているプルリクエストは、小さく、焦点が絞られており、関心事の数が最小限に抑えられているものです。変更点の数を考え抜き、できるだけその数を少なくしましょう。単一責任の原則に関する素晴らしい記事[28]があります。これはすべてのモジュールやクラスは単一の機能について責

---

[25] 訳注：別バージョンのウェブページやプロダクトをランダムなユーザーグループに提示し、どのパフォーマンスが良いか比較するテスト手法のこと。

[26] https://www.netlify.com/blog/2020/03/25/announcing-faster-deploys-for-large-sites/

[27] https://github.com/jnunemaker/flipper

[28] https://hugooodias.medium.com/the-anatomy-of-a-perfect-pull-request-567382bb6067

務を持つべきという原則であり、この記事ではまた、プルリクエストへの適用方法も説明されています。

　最初は、すべての変更を一度に行うことが重要であるように思えるかもしれません。しかし、ブランチモデルを使ううちに、やがてそうではないことに気づくでしょう。また、プルリクエストの中で、作業がたくさん残っていることをみんなに伝えることもできます。

　さらに、各プルリクエストはできる限り、一つのゴールを持つべきです。そうすることで、次のイテレーションでそれに基づいて構築できるようになります。言い換えれば、あなたとチームメイトが古いコードのリファクタリングと新しいテストの導入の両方を行うと、別々に行うよりもレビュワーにとってはるかに難しくなります。二つの反復的なプルリクエストがあれば、実装を変更する前に機能が変わっていないことを確認しやすくなります。

残作業を追跡する

　未完成の作業を残すならば、残作業を追跡することが役に立ちます。これは単に自分のためではありません。チームメイト、プロダクトマネジャー、プロジェクトマネジャーなどのステークホルダーにとっても役立ちます。このためにプロジェクトボードを使うチームがたくさんあります。プロジェクトボードは、チームがプロジェクト内で起きていることを確認するために役立ちます。GitHubのボードの例を図4に示します。

　GitHubやJiraのようなツールは、自動化を支援してくれます。各リポジトリの機能である自動プロジェクトボードの例を図5に示します。

　こうしたボードを使って課題を追跡していたとしても、同僚やレビュワーのために、プルリクエスト自体にToDoリストや変更点リストを作っておくと役立ちます。これによって、他の参照先を確認することなく、

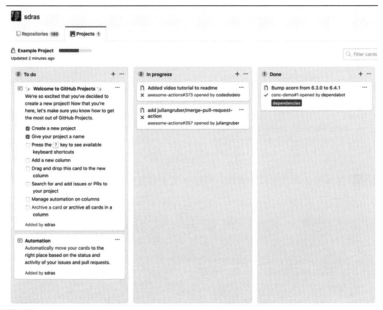

図4 GitHubボードの例。issueやメモを追加できる。

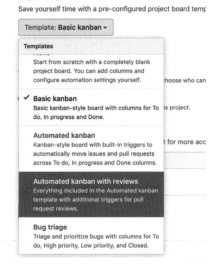

図5 GitHubで利用可能なカンバンビューのドロップダウン。

sdras commented 20 days ago

This is a very rough draft start for us to build on top of. I've put in extensive todos so that we can easily see what's stubbed out.

So far I've worked on:

- Built-in Directives
- Custom Directives

Stopping before I go further because I'd like to hear what the rest of the team thinks (I have some proposals as well) before we go further.

図6 プルリクエストに含まれる内容と含まれない内容についての説明。

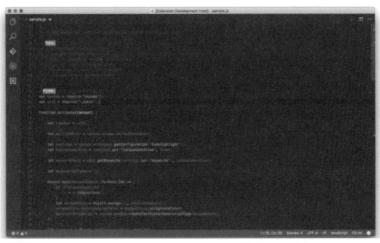

図7 TODOとFIXMEをハイライトするTODO拡張機能の例。

プルリクエストのスコープをすぐに把握できるので、実行スピードが速くなります。プルリクエストを出すときに、他の共同作業者に背景情報を伝えるための説明を追加した例を図6に示します。

前述したように、ToDoもまた使えます。私はこれを使って残っている作業を追跡しています。VS Codeの拡張機能[29]を使えば、自分のため

---

[29] https://marketplace.visualstudio.com/items?itemName=wayou.vscode-todo-highlight

のTODOコメントを解析してハイライトできます。また、チーム内で異なる規約があれば、オーバーライドしてカスタマイズすることもできます。

　これらは、開発者レベルで作業を追跡する方法のほんの一部です。実際には、さまざまなツールやテクニックを活用するプロジェクトマネジメント体系があります！　すべてを網羅することは本書の範囲外です。しかし、本書で紹介したツールのいくつかが、コーディング中のあなたのチームに役立つことを願っています。

一度にいくつかの作業を進める

　この方法は難しいかもしれませんが、レベルアップするにつれて習得するスキルかもしれません。作業範囲の絞り込みにうまくなると、小さな成果物のレビュー待ちをしている時間があることに気づきます。そんなときに何をしますか？　実際、ここで大きな一つのプルリクエストの方が効果的では、と考える人もいるかもしれません。なぜならば、プルリクエストを出す前に作業に時間をかけられるからです。残念ながら、これはレビューで行き詰まると、開発者の頭を悩ませることが多くあります。

　大きなプロジェクトの分割にうまくなると、作業をたくさんのピースに分割する方法もまた、学び始めます。その結果、互いに依存していない二つの作業が平行して進むことになります。パーソナライゼーションのプロジェクトであれば、ナビゲーション内での変更と合わせて、サイドバーに入ってくるデータの更新が必要になるかもしれません。これらは似たような作業かもしれませんが、事前に分割方法を考えておくと、良い点がいくつかあります。たとえばナビゲーションとサイドバーがお互いに影響して壊れる可能性がなくなる、といったような副作用が減ります。これは単純な例ですが、作業時間をできる限り有効活用するために、このような状況に備えて計画を立てられることを示しています。

まとめ

　前章ではOKRについて話しました。OKRは、全体像の把握と他のステークホルダーと足並みを揃えることに役立ちます。しかしOKRからは、チーム内の日々のタスクを実際にどうやって分割したらいいかは分かりません。

　膨大な量の作業と、コードベースを更新する実際のプルリクエストとのギャップを埋めることが、実行と協力の両面で、チームと一緒に戦術的な作業を進めることに役立ちます。

chapter

18

実行の速度

Part
3
チームが最高の仕事をできるように支援する

chapter
18
実行の速度

　私はすばやい行動を好みます。私が一緒に働くチームも同様に速く価値を届ける傾向があります。しかし、プロジェクト全体を一気に完成させるわけではありません。本章では、その方法を探っていきます。

　まず私は慎重に行動します。学ぶべきことがたくさんある中で、イテレーションに価値を見出しています。私たちが実行の速度について話すときは、いい加減さについて話しているわけではありません。私たちが話しているのは、大きな技術的負債を抱えずに前に進める速度、行動を重視する速度です。しかし、これは言うほど簡単なことではありません。すばやいイテレーションサイクルには、前章で取り上げたように、作業の絞り込みと優先度付けの能力が必要です。しかし、他にもいくつかの考慮事項があります。

方向性を先に設定する

私がNetlifyで働いていたころ、私の友人でNetlifyのプロダクト責任者を努めていたホセ・ゴンザレスは、よくこう言っていました。「速く進むだけでは不十分です。間違った方向に速く走ることもできます」。

ご想像のとおり、彼は優れたプロダクトマネジャーでした。実際、実行の速度だけで、プロダクトや会社が素晴らしくなるわけではありません。議論の余地はあるかもしれませんが、ある程度の規模の会社では、エンジニアリング機能が実行部分の責務を担っています。そのため、「何を」についてはプロダクト開発機能と連携する必要があり、「どのように」や「どれだけ速く」についてはあなたが対応する必要があります。あるいは、プロダクト開発機能がない場合は、あなたが両方を担わなければなりません。しかし、「何を」について、事前に考え、評価することなしには単に速く動くことはできません。これが重要なのです。

私たちは一歩下がって全体像を見る必要があります。

もし大きく考えるための時間を取らずに常にタスクに取り組むと、戦略的ではなく戦術的になってしまうリスクがあります。結果、サイロにこもって働くことになり、不安や燃え尽き症候群につながることがあります。早期にエラーを見つける機会と技術的負債[30]を減らす機会を逃すリスクがあります。

MVPとは何か？

近年、迅速なイテレーションサイクルとMVP（Minimum Viable Product、顧客に提供可能な最小限のプロダクト）の概念が業界標準に

---

[30] この記事は、私が見た中で技術的負債をいちばん明確に説明しており、素晴らしいビジュアルも載っている。https://blog.crisp.se/2013/10/11/henrikkniberg/good-and-bad-technical-debt

なってきました。MVPとは、チーム、プロダクト、自分自身に「リリース可能な最小限なものは何か？」と問いかける方法です。

　ここで失敗するプロジェクトがたくさんあります。私も何度か、MVPの定義をあまりにも狭く限定してしまったことがあります。要点に絞りすぎているので、そもそもそれに取り組む魅力的な意義がなくなるのです。もしくは、意義があったとしても、ハッピーパス[31]が狭すぎて、利用できるのはほんの一部の人だけです。

　実際、顧客の時間は貴重です。もし、彼らがプロダクトの導入時や利用時にひどい体験をしたら、あなたが「次回は改善します」と伝えても彼らは戻ってきません。これに対するちょっとした反論は、開発者向けのプロダクトを「ベータ版」としてラベル付けすることです。開発者の中には、好意的に解釈して再度試してくれる人も確実にいます。ただし、そうではない開発者もいることを警告しておきます。

　これは、MVPを完璧にする必要があると言っているわけではありません。スコープが限定されたMVPは、ユーザーリサーチやテストを行い、その後に社内でイテレーションするためには素晴らしいものです。しかし、ここはバランスを考慮してください。完璧になるまでリリースを待つと、チームが燃え尽き、利益を失い、市場投入が遅れることになります。中途半端にリリースすると、対象顧客の信頼を失い、あなたがプロダクトが完成したと思っても、彼らは戻ってこないでしょう。

　MVPの内部には、もう一つの隠れた危険があります。ステークホルダーは、MVPが世の中にリリースされたのを見ると、最後のイテレーションサイクルにあなたがたどり着く前に、次に進むように求めてくるのです。なぜでしょうか？　ここには厳しい真実があります。それはつまり、最初に合意した話とは違う、ということです。悪意からではなく、

---

[31] 訳注：ユーザーにたどってほしい、いちばんシンプルな経路のこと。ソフトウェア開発では、例外やエラーが起きないデフォルトの道筋のことも示す。

優先度の競合によって、あなたの発言が覆されることがあるのです。そして、こういったシナリオによって技術的負債が発生することがあります。その負債は、エンジニアが後できれいにするチャンスがあると言っていたものです。

　この矛盾に取り組み、解決するための方法はたくさんあります。ギャンブルと同じように、自分が喜んで、あるいは払える以上のものを決して賭けてはいけないように、自分が諦めたくないMVPをリリースしてはいけません。

どうすればすばやく動けるか？

　答えは、単にみんなに「もっと速く動け」と言うことではありません。それよりももっと複雑です。では、どうすればすばやく動けるのでしょうか？

　この質問に対して、私もまた質問で回答します。学校でいちばん好きな先生は誰でしたか？　おそらく、その先生の科目はもともと好きではなかったことでしょう。その科目への興味はその先生のおかげで育まれたのです。その先生はおそらく、教えている内容に非常に熱心だったでしょう。彼らはその内容に精通しており、また熱意があったのです。エンジニアリングマネジメントにまた同じことが当てはまります。

　モチベーションが高く、あなたとチーム内での心理的安全性が確保され、技術スタックの開発者体験がよく、会社のゴールと足並みが揃っているチームは、そうでないチームよりも常に優れたパフォーマンスを発揮します。このアイデアは実行の速度と関連しています。この文を見直してみて、特徴を行動に分解してみましょう。

- モチベーションの評価：
  - チームが対応している外部的な問題はあるか？　このケースでは、

修正や無視は不適切かしれませんが、認識と配慮が必要かもしれません。たとえば、パンデミックの場合、あなたにはどうしようもない理由で、誰もが怖がっているかもしれません。彼らは以前にはなかった、勤務時間中の家族対応があるかもしれません。ステークホルダーと話し合って、タイミングを調整してください。何が合理的かを見極め、彼らが機械ではなく人間であることを念頭に置いてください。

▪ **心理的安全性の評価：**

- ▪ チームのみんなは、自分たちの仕事がレビューされることを楽しみにしていますか？　それとも、苦痛なプロセスでしょうか？　チームはお互いに良いレビューをしてくれると信頼し合っていますか？彼らにとってこのプロセスはどれぐらい速い、あるいは遅いのでしょうか？

- ▪ 方向性に問題や懸念がある場合、彼らはどのように対処していますか？　その問題提起に抵抗はありませんか？　反対に、小さな問題に対して死にものぐるいになっていませんか？

- ▪ 彼らは自身のキャリアやエゴを進めるために話し合いをしていますか？　それとも、手元のプロジェクトをよくするために話し合いをしていますか？　もし、みんながプロジェクトの流れをサポートするのではなく、自分だけの作業やレビューでパフォーマンスを発揮しているなら、それは対処が必要な文化的な問題の兆候かもしれません。幸せで生産的なチームは、自身の個人的な栄光よりも最善な技術的視点を追求します。

▪ **技術スタックがニーズにあっているかどうかの評価：**

- ▪ 大量の副作用を出さずに、他の部分を壊すことなく変更を加えられますか？

- 必要であればモダンな言語やライブラリを使える程度に、新しいスタックを使っていますか？
- 適切な言語ガイドやスタイルガイド、リンターシステムが用意されており、プルリクエストのレビューがスタイルの細部で行き詰まらないようになっていますか？
- システムで、みんなが文句を言っている部分はありますか？ もし、技術スタックを地図で表現したら、「ここにドラゴンがいるぞ」とマークされた部分はありませんか？
- いちばん大事なことですが、本番環境や共有ローカル環境を誰でも簡単に、誤って落としてしまうことはありませんか？（意外かもしれませんが、これも心理的安全性に影響します！）

- **チームと会社のゴール（その理由）との足並みを揃える：**
  - なぜ、これを行なっているのか？
  - ビジネスにとって、それがなぜ重要なのか？
  - それが行われないとしたら、どんなリスクがあるのか？

　こういった評価を行って、調査する必要があるプロセスや人的作業を精査することは、短期的にはちょっとした損失になります。信頼を築き、システムをうまく動かすために時間がかかるかもしれませんが、大きな見返りをもたらしてくれます。

　実際、あなたのチームが成果を出せば出すほど、社内の他の組織からの信頼が高まります！ プロダクトチーム、セールスチーム、マーケティングチームなど、他のチームと信頼を築き、他の人から頼りにされるリーダーになることは、会社全体としてうまく協力して働くための、非常に重要な要素になります。何よりも、思わぬ難題にぶつかった（必ずそうなる）ときに、こういったチームはより多くの忍耐力・深い理解を示してくれるでしょう。

プロダクトと
エンジニアリングの
時間配分

　私がこれまでに働いてきたどの会社でも、プロダクト側の新たな取り組みに費やす時間とエンジニアリング側の作業に費やす時間とで、時間配分がありました。その割合は常に変化します。70%をプロダクト、30%をエンジニアリングに割り当てることもあれば、50%ずつということもありました。この配分の狙いは、エンジニアリングチームが新機能の構築にある程度の時間を費やせるようにするだけではなく、技術的負債、システムのアップグレード、コードのドキュメント化のような「自分」の作業もできるようにすることです。

　やっかいなのは、最初に時間配分を宣言することと、それを現実にするのは別の話だということです。このモデルが失敗するのを目の当たりにしてきましたが、それはみんなが理論に価値があることと理解していないためではなく、実践にあるよくある落とし穴によるものです。

- **プロダクト側は、プロダクトそのものの作業内容あるいは作業時間で**

対立が起こる可能性があります。これによって、プロダクトとエンジニアリングとで緊張関係が生じることがあります。びっくりするようなことがあると、仕事の境界がより厳しくなっていくかもしれません。

- **エンジニアが、自分に期待されていることを理解していないかもしれません。**作業の並列化は難しいので、良いプロセスを作ることで明確さが得られます。

- **メンテナンスの道筋が明確であるべきです。大規模なシステムアップグレードを計画していますか？** これは時間の経過とともに他のチームに影響を与える可能性があります。最終的なオーナーシップが不明確だと、後で問題になるかもしれません。👻

エンジニアリング作業の中で、ある程度の自由があるのは良いことですが、コミュニケーションとプロダクトの成果への明確な期待が設定された強固なプロセスは、上記の問題の回避に役立ちます。本章では、生産的に前進できるように、エンジニアリングマネジャーの視点から考えられる潜在的なシナリオを扱います。

コミュニケーション全般

取り組みたい課題を見つけたら、ステークホルダーに共有可能な**小さな1ページ資料の作成**が重要です。その資料には、仕事の性質、所要時間、その仕事の重要性を記載します。

大きなプロジェクトであれば、それらのピースをGitHub/GitLab/JiraのIssueに落とし込み、作業の種類を示すラベルを付与できます。これは素晴らしい方法です。使い慣れたプロジェクトマネジメントのシステムを使って、毎週の作業量と期待を高められるからです。プロダクトのパートナーをびっくりさせないように、仕事の性質とスコープについて、オープンな対話を続けることが重要です。この対話は、チームや組織の

文化によって大きく異なります。

　こういった定期的なコミュニケーションは、エンジニアに対して明確さを提供することにも役立ちます。仕事の性質と自分に期待されていることを彼らが理解していれば、全体を構成する小さな問題に取り組みやすくなります。

　すべてのエンジニアがプロダクトのプロジェクトと、エンジニアリングのプロジェクトとで時間を配分することは、集中という観点からすればあまり意味がないように思えるかもしれません。代わりに、彼らは自分で仕事を配分したがるかもしれません。たとえば3週間、三人がプロダクトの仕事をして、一人がエンジニアリングの仕事をするといった具合です。また、みんなの知識が平準化されるように、全員の関与が必要なこともあります（これは対象に依存しますが、マイグレーションはこのような例です）。チームの規模、プロダクトの作業量、プロジェクトの種類によって、効果は異なるでしょう。

　コミュニケーションはここでも役立ちます。正しい方法に自信がなくても、実現方法を考えるために、小さなグループでのブレインストーミングが役立ちます。なぜプロジェクトが重要なのかを、みんなが理解できるようにしておきましょう。

技術的負債

　技術的負債は、チームの能力を制限するいちばんよくある方法の一つです。機能を開発するたびに、エンジニアリングの作業が遅くなると、プロダクト開発の時間だけではなく、エンジニアリングにかかった時間の給与という形で資金も失ってしまいます。

　多少の技術的負債は自然です。小さな企業は、すばやく動くことが経済的にも合理的なので特にそうです。しかし、技術的負債が溜まると、開発やリリースが困難になり、コードベースが不安定になるようなポイ

ントもあります。エンジニア全員が効率的に働けるように技術的負債を
すぐに負うこともあれば、徐々に負うこともあります。

　多くの場合、技術的負債はボトムアップのアプローチから見つかりま
す。一般的に、システムを使っている開発者のほうが、エンジニアリン
グマネジャーよりも日々の技術的負債に精通しています。エンジニアリ
ングマネジャーとしての課題は、一人の開発者が強い意見を持っている
のではなく、たくさんの開発者が同じことを不満に思っているといった、
より大きなパターンを見つけることです。この種のプロジェクトを始め
る前に、周囲に聞いてみてください。たとえば、一週間でどれだけ時間
を無駄にしているか、改善案による見込みと比較するために、みんなに
アンケートを取ると役立つでしょう。

　大規模なリファクタリングが必要な技術的負債もあります。**この場合
でいちばんうまくいっていたのは、どのような種類のプルリクエストが
必要かをみんなで明確にしたときです。**膨大な箇所でCSSを更新する必
要がありますか？　それとも、古いクラスコンポーネントをフックに変
換する必要がありますか？　おそらく、すべてを一つの巨大なプルリク
エストにまとめたいわけではないでしょう。しかし、コンポーネント単
位に細分化しても意味がありません。それぞれのプルリクエストと、レ
ビューに期待することをチームのみんなで話し合うことで、作業中の
「レビューホール[32]」を作らずにすみます。

イノベーティブなプロジェクト

　会社のプロダクトに関係する機能を自由に開発できるようなハック
ウィークやイノベーションウィークを開催する企業はたくさんあります。
これは探求のための絶好の機会であり、私はこの方法でよく知られたア

---

[32] 訳注：開発プロセスにおいて、コードレビューが停滞している状態。

プリケーションに強力な機能が追加された例をいくつか見てきました。また、チームにとっても自分たちのアイデアが実現していることを見ることで、信じられないほどの活力が湧いてきます。

Note

この種のプロジェクトにエンジニアリングの時間を割いていると、プロダクトチームが少しないがしろにされていると感じることがあります。なぜでしょうか？ プロダクトチームの視点から考えてみましょう。彼らの仕事は機能を提案して、ステークホルダーと慎重に計画を練り、（多くの場合、企業のメトリクスや調査に基づく）プロダクトロードマップを作成し、通常はプロジェクトマネジャーと協力してエンジニアリングのスケジュールに提案を組み込むことです。計画外の機能に半分の時間を使ってしまったら、既存のプロジェクトの計画が分岐してしまったり、これまでに実施した調査結果に反することになったり、あるいは必要としている「運命を左右する」コアな機能の開発が単に遅れてしまうかもしれません。

私が見てきた中でうまくいっていたのは、エンジニアリングマネジャーがプロダクトチームと前もってコミュニケーションを取っていたときです。 これは、パートナーシップとして考えてください。つまり、プロダクトチームが特定の機能に意味がないと言っているのなら、そう考えるに足る理由があるはずです。お互いに意見を聴き合えれば、双方が合意できる道筋が見つかることでしょう。

　従業員の不安にも配慮することが大切です。彼らは、イノベーティブな仕事に十分な時間が取れるか心配していませんか？ その仕事に半日使えるとしたら、どれぐらいの週数が作業にかかると思うか、直接チームに尋ねてください（作業を進めるうちに、状況が変わることを前提として）。猛烈なスピードを終わらせることは期待していないと、みんなに明確に伝えておきましょう。

究極的には、コミュニケーションが鍵です。理想的には、これらの取り組みは何の進行も妨げず、通常の業務と並行して行える小さなプロジェクトです。まず小さなことから試してみて、どんな問題があるかを把握しつつ、プロダクト側との信頼を築くことをお勧めします。通常の業務が支障なく終わること、また「自分勝手に」行動しないことと、プロダクト側に安心してもらう必要があります。

　最後のポイントは、メトリクスとアウトカムの責任を誰が負うかを明らかにしておくことです。プロダクト側が方向性を決める理由の一部は、プロジェクトが失敗すると彼らが困難な立場に置かれるからです。プロダクト側との良好な関係を維持するために、良い結果も悪い結果の両方に対して、あなたがエンジニアリングマネジャーとして責任を負うことを明確にしておくことが重要です。

≡ 時間のかかる終わりなき仕事

　時間のかかる終わりなき仕事は、おそらくプロジェクトの中でもいちばんわかりやすく、誰からも反発を受けないでしょう。この種の仕事の例としては、内部ドキュメント、ツール（専任のツールチームがない場合）、ちょっとしたメンテナンスなどがあります。

　ここで必要なコミュニケーションは、他のプロジェクトとはやや異なります。なぜならば、一つに限定されたプロジェクトをリリースするわけではなく、むしろ反復的なプロセスだからです。ドキュメント作成を例にとるのであれば、内部ドキュメント作成にかかる時間を、機能開発のプロセスに組み込んでおくことをお勧めします。

　たとえば、チームで共同作業ができる新機能を作ったとしましょう。社員全員が、どのチームでも使えるマイクロサービスを開発したこと、どのようなパラメータが想定されているか、あるいは将来の機能追加方法を知っているわけではありません。内部ドキュメントの有無が、その

サービスが使われるか否かの違いになることもありますし、そのサービスを使うたびにペア作業を求められるか否かの違いにもなります。あるいは、より悪いケースでは、同僚らが自分で理解してハックしようとして、よりすばやく効率的に作業できたはずのものを台無しにしてしまうこともあります。

イノベーティブなプロジェクトとは異なり、時間のかかる終わりなき仕事は通常、みんなが本当に進んで取り組むものではないので、プロセスと期待を早めに設定しておくとうまくいくでしょう。内部ドキュメントは隠れているときもありますが、チームがうまく機能するために非常に重要な部分です。オンボーディング、システムアーキテクチャに関する認識の統一に役立ちますし、開発者が作っているものへの理解を深め、解決しようとしている問題を考え抜く際にも有益です。

マイグレーション

マイグレーションは、みんなに影響を与える可能性があるため、他の種類のプロジェクトと扱い方がやや異なります。マイグレーションのやり方に単一の正解はなく、プロセスはマイグレーションの種類に大きく依存します。あるフレームワークから別のフレームワークへ、モノリスの分解、別のビルドプロセスやサーバーへのマイグレーションなど、どのアプローチも異なるかもしれません。各マイグレーションを詳説するために、1冊ずつ書籍が必要になるでしょう。ここでは、すべてのマイグレーションに当てはまるハイレベルなヒントをいくつか見ていきましょう。

- **取り組もうとしているマイグレーションがどんなものであれ、事前にできるだけ多くの調査をしましょう。** すべてを理解できるわけではありませんが、プロセスの途中で重大な何かに気づくのは避けたいとこ

ろです。これは、ステークホルダーへの共有にも役立つ情報になります。

- 会社の方向性について、社内で議論が起きていますか？　もしそうであれば、**一定期間を設けてこの問題に取り組みましょう。最終的な意思決定者を明確にしておいてください。**技術的な問題の多くに対して、唯一の「正しい」解決策はありません。そのため、一人が決定を下して（全員がそれに従うように）することが役立ちます。しかし、例えばみんなの意見が異なっていたとしても、彼らの意見に耳を傾ける時間を作ることも大切です。あなたが考えてもみなかったことを、彼らは考えているかもしれません。

- **全体と詳細の両レベルからマイグレーション計画をドキュメント化して、各チームに与える影響を検討しましょう。**これは、マイグレーションの重要性をプロダクト側に説明する良い機会になります。コードベースが古くなって、他のライブラリやツールとうまく連携できなくなっていませんか？　エンジニアがリリースプロセスにかけている時間を節約できる新しいビルドプロセスが導入されましたか？　なぜこの作業が重要なのか、プロダクト側に理解してもらいましょう。

- **保守とオーナーシップを明確にしましょう。**あるチームがビルドプロセスをマイグレーションした結果、他のチームに問題が起きたとしたら、誰がその問題を解決するのでしょうか？　問題が起きる前に、これを決めておくとよいでしょう。

- マイグレーションには、時間をかけてゆっくりと進められるマイグレーションの方法もあれば、事前にたくさんの作業が必要な方法もあります。しかし通常は、みんなの力が必要になるような重要な時期が訪れます。並行作業が可能な他のタスクと異なり、**新しいシステムの準備が整うまでは、他の機能の開発が一時的に停滞するような状況についてプロダクト側となんとか調整しておく必要があるでしょう。**プロダクト側と密に連携していれば、顧客要望が自然と落ち着いている

時期がときおり訪れることに気づくかもしれません。この時期を使っ
て、必要な作業を進めるための確保できるかもしれません。プロダク
ト側が、少しの間でも100%の時間をエンジニアリングに割いてもよ
いと認めてくれるのであれば、お返しができます。プラットフォーム
が安定したら、チームの100%の時間をプロダクト開発に専念できる
ようになります。

お祝い！

　最後のステップは一見すると任意に思えるかもしれませんが、個人的
には非常に重要です。チームはまさに驚くべきことをやり遂げたのです。
並行して作業を進め、プロダクト側と良い関係を築きながら、エンジニ
アリング組織全体のために何かを成し遂げたのです。ローンチと同じよ
うに、マイグレーションの完了をお祝いすることが重要なのです。

　**あなたがこの作業に価値を見出していることを、チームが知る必要が
あります。なぜならば、こういった作業は非常に影響が大きい割に、感
謝されないことが多いからです。**チームとの信頼関係の構築や、彼らの
キャリアパスにも役立ちます。チームとして成し遂げたことをお祝いす
ることは、大してコストをかけずに、組織文化に大きな利益をもたらし
てくれます。

4

自分の仕事

chapter

20

ハイレベルでの
優先度付け

　日々の業務中に、たくさんの決断を迫られます。集中が必要なタスク
も多く、不必要なことをしてしまったり、何を最初にするか決めようと
して燃え尽きてしまったりすることもあります。

　これに関連して、「決断疲れ」と呼ばれる現象があります[33]。多くの研
究によれば、明確な決断ができないときに、不適切な選択をしてしまう
ことがわかっています。最重要なことを見極められないと、判断力の低
下や、購入判断の悪化につながることがあります[34]。すでに他の決断を
たくさん下していると、衝動的に何かを買ってしまう可能性が高まりま
す。これが、レジ横の通路には「衝動買い」用に確保されている理由で

---

[33] https://en.wikipedia.org/wiki/Decision_fatigue
[34] この記事は、長時間労働の後になぜおやつをガマンできないか、そして腹痛になるという
事実を知っているのにもかかわらず、ミニキッチンでスナックを食べてしまう理由を説明し
ている！科学に感謝！ https://academic.oup.com/jcr/article-abstract/39/3/585/1822634?red
irectedFrom=fulltext

す。店内を歩き回るうちに、すでに決断力を使い果たしているので、脳のエネルギー残量が不足しているときに、無意味な雑誌や砂糖入りのものを買ってしまいやすくなるのです。

これは仕事の優先度付けにも当てはまります。一歩下がって内省せず、全体像を見据えたシステムを作らないと、毎週何度も同じような決断を下す必要が生じます。その結果、非常に重要な認知力の一部が吸い取られてしまいます。リーダーシップでは、できるだけ多くの認知力を確保する必要があります。

選択肢、決断事項、会議での忙殺は、一度にすべて起こるわけではありません。通常、この種の爆撃は累積型です。つまり、日々の生活に優先度付けを取り入れることが重要なのです。

では、どうやったら最初に取り組むべきいちばん大事なことを見極める、あるいはそもそも取り組むべきタスクを決められるのでしょうか? 本章では、自分たちの方向に向かって効率的かつ明確に進むために、ToDoリストより生じる避けられない重圧から、重要なことを取捨選択する方法を探っていきます。

もしToDoリストに振り回されていると感じているなら、ぜひ読み進めてください。

価値観と優先度付けのワークショップ

タスクを優先度付けする方法を賢く(そして無理せずに)考えるためには、ToDoリストから少し離れて時間を作る必要があります。

自分に正直になることが大事です。私たちの仕事は、自分の価値観を反映しているからです。しばらくの間、残業したとしても大したことはないかもしれません。しかし、その決断によって何かが犠牲になっています。親であれば、子どもと一緒に過ごす時間が減るかもしれません。友達と遊ぶ時間が減るかもしれません。睡眠や食事を犠牲にしているか

もしれません。

　同様に、長時間労働を選ばなかったなら、仕事以外に価値を見出しているということです。それはそれで問題ありません。ただしその場合、チームへの支援が足りなくなるかもしれません。

　時間を投資する対象は、単に自分が価値を見出していることだけでなく、見出していないことも含まれます。少なくとも、できるだけ意図的に、自分の価値観に合った時間の使い方をすることが望ましいのです。まず全体を見渡すことから始めて、日々の活動に至るまで、精査していきましょう。

　『Hell Yeah or No』という書籍では、この概念がうまく表現されています。著者のデレク・シヴァーズは、次のように述べています。

　自分の行動が、実際に自分が望んでいることを表している。これに対する賢明な反応が二つある。一つは、自分に嘘をつくのをやめて、本当の優先順位を認めること。もう一つは、自分が本当にやりたいことを始めて、それが本当かどうかを確かめることだ。

　マネジャーにとって、大きな影響を最もうまくもたらすために自分の時間を優先度付けすることが重要です。また、自分が重要だと考えている価値観と一致していることも重要です。これは、言うは易く行うは難しです。

　だいたい四半期ごとに、自分がやると決めたすべてのタスクを分解します。すべて書き出してから、自分が気にかけていることすべてを含む4象限を作ります。私の場合はその4象限には、コミュニティへの貢献、1対1の人のサポート（同僚、友人、家族を含む）、収入につながること、個人的に充実感を得られること、が含まれます。あなたの4象限は異なるはずです。なぜなら、価値観は人それぞれだからです。

　次に、仕掛中のすべてのタスクを4象限に配置します。それぞれのタ

コミュニティへの貢献	人のサポート
・カンファレンスでの講演 ・無料記事の執筆 ・オープンソースの仕事 ・会社でのプロジェクトYをオープンソース化	・カンファレンスでの講演 ・メンタリング ・家族との時間 ・会社でのプロジェクトX ・会社でのプロジェクトY ・Zの昇進ドキュメントの支援
充実感を得られること	収入につながること
・メンタリング ・無料記事の執筆 ・オープンソースの仕事 ・家族との時間 ・会社でのプロジェクトX ・ランニング ・Zの昇進ドキュメントの支援	・無料記事の執筆 ・会社でのプロジェクトX

図8 四半期ごとに実施する演習の例（デモ用に私のものを汎化して簡略化している）

スクがどの象限に属しているか確認します。タスクの中には、重みを増やすために象限で2回カウントされるものもあります。図8を参照してください。この例から主にわかることは次のとおりです。

- 記事の執筆は、すべての象限に含まれるいちばん珍しい例の一つです。
- メンタリングは、1on1による関係構築、および個人的に充実感を得られるもののふたつの象限に含まれます。
- オープンソースの仕事もまた、コミュニティの支援、および個人的に充実感を得られるものの二つの象限に含まれます。

　一つの象限にしか含まれていないものは再考の余地があります。どの象限にも当てはまらないものは、切り捨て対象です。

　この作業を通じて、エネルギーを使うべき場所、使うべきではない場所が見えてきます。雑音に惑わされてしまい、シグナルが見えにくくな

ることがあるので、この作業で大事なことが明確になります。この作業をするまでは、自分が大切にしていることや、その価値観の周囲にあるタスクの優先度を付ける方法を考えるのは難しいかもしれません。

この先の優先度付けは、少し簡単です。自分の努力が報われている箇所がよりわかるようになっています。また、時間を無駄にしているときもわかるようになっています。選択する際に自分を導いてくれる明かりがあるので、この区別によって意思決定疲れをかなり防げるのです。

これは、価値観に基づくハイレベルでの優先度付けの数ある方法の一つにすぎません。自分に合ったプロセスを見つけて、定期的に実施しましょう。「価値観」の章で伝えたように、価値観は時間とともに変わります。価値観の変化に適応できるように、また基本的な前提を問い直せるように自信を持ってください。

ハイレベルでの優先度付けができたので、次は時間の最適な使い方について話しましょう。たとえ、アシスタントが手伝ってくれたとしても、予定表との戦いは、最優先事項の一つとなります。もう少し詳しく見ていきましょう。

予定表との戦いと価値観

1年前、自分の予定が詰まりすぎていて、昼食をとることも一息つくこともできなくなっていることに気づきました。何かを変えなければいけないことはわかっていました。

なぜ予定表がいつもいっぱいなのか、理解できませんでした。もちろん、たくさんのことを成し遂げようとしていて、そのためには大量の調整が必要です。しかし、トンネルの出口には何かしらの光が見えるはずですよね？　今週さえ乗り切れば、来週はもっとよくなるはずだ、と。

それから、Netlifyのエグゼクティブ・コーチであるホイットニー・スタフォードと一緒に仕事をしました。彼女は私に、価値観、優先度、

プロジェクトの詳細をフォームに記入するよう求めてきました。定期的な1on1や、スキップレベル、定例会議、定期ではないが繰り返し行われる会議もまた、すべてを書き出しました。最後のステップとして、それらの会議の優先順位も書きました。

1on1やチームミーティング（自分に報告してくれるチームミーティング、リーダーシップチームのミーティング）が、自分の仕事の中でいちばん重要であることを説明しました。自分が所属するチームをサポートしていなければ、自分の仕事をしていないだけではなく、他の取り組みと調整するために必要な情報が得られません。

自分の価値観は、予定に反映されていなければなりません。家族をいちばん大切にしていると言っているのに、家族との時間を作らないのであれば、自分の価値観を尊重していないことになります。支援的な職場環境作りをいちばん大切にしていると言っているのに、チームと会う時間を作らないのであれば、価値観が一致していないことになります。

つまり、ある程度のバランスが必要ということです。これは一度限りではなく、継続的に行う必要があります。少なくとも初期状態では、慌ただしくて忙殺されないように、定期的な予定をできる限り最適化しようと試みることはできます。

コーチがいない場合に、ホイットニーが私にしてくれたことを、自分で行う方法を以下で紹介します。

- 以前に実施した価値観のワークショップと、いちばん多くの象限を埋めたプロジェクトについて考えてください。
- それを念頭に置いて、予定表からすべての定例会議を取り出して、リストにしてください。
- 組織のさまざまなグループとのミーティングを優先度順にしてください。（自分のチームの会議を最後にしないこと。）
- 会議の頻度を減らす、あるいは中止できそうな会議を見つけて、関係

者に連絡してください。

- 臨時の会議に対しても同様に行ってみて、主要なテーマをメモしてください。一つのことを解決するために複数の会議を開いていませんか？　それらの会議をまとめられませんか？　同じ人と頻繁に1on1や、臨時の会議を行なっていませんか？　その臨時の議論は、1on1で行えませんか？

次は、集中する時間について考えましょう。

- 週に何時間集中する必要があるかを決めましょう。
- 「一人で考える」作業と「会議で考える」作業が最適な時間をメモしてください。私自身は、午前中に社交的なエネルギーが最大になり、午後は最も集中できます。
- また休憩が必要な頻度もメモしておきましょう。私は以前、一日中ずっと会議を入れていましたが、息をするタイミングがありませんでした。今は、1.5時間の会議ごとに30分の休憩をいれるようにしています。2時間までは柔軟に対応しています。

エネルギーレベルに基づく優先度付け

　これまでのキャリアで、断続的な会議に悩まされたことが何度もあります。会議同士の間隔が短すぎて、コーディングに集中できないため、夜に埋め合わせをする必要がありました。これは成功の秘訣ではなく、疲労の原因です。

　Googleで働き始めたとき、なぜみんな会社に長くいるのか、聞かれることがありました。私の正直な仮説は、Googleの社員は休憩と集中する時間を予定に組み込み、本当に炎上したときのみ週末に働く、というものです。この働き方は、私が働いていてきたスタートアップや大企業と大いに異なります。長期でみれば、休憩とのバランスを大切にする

ことで、離職率などに影響があるかもしれません。

　アレックス・セクストンが書いた素晴らしいブログ記事「The Productivity Cycle[35]」の中で、彼は自分のエネルギーレベルに基づいて計画を立てる方法を提案しています。自分のサイクル上でのエネルギーレベルをメモしてください。これは素晴らしいアイデアです。以下は、このシステムをそのまま利用しているわけではありません（それでも、この考え抜かれた記事を読むことを強くお勧めします）が、自分の予定表を評価するためにこの基本的な前提を考え抜いて、予定表にエネルギーを合わせるのではなく、自分にとって自然なサイクルで仕事をするようにします。

　最初のステップは、単に自分自身を認識することです。たとえば、2週間にわたって、1日のエネルギーレベルをメモしてください。それぞれのタスクの隣に、☑（エネルギーレベルが良い）、━（エネルギーレベルはまあまあ）、🚫（エネルギーレベルがない）のような記号をつけてください（自分に合った他の記号を使っても構いません）。パターンをメモしてください。やる気をなくしたのいつでしょうか？　いちばん集中していたときは？　社交的な活動をしているときにより生産性が高いのか、それとも一人で働いているときの方が良いのか、認識しましょう。自分を理解すればするほど、将来の計画が簡単になります。

　次に、ここまでにわかったことをカレンダーに適用しましょう。たとえば、🚫のタスクでは休憩を取り入れるようにします。他の人が予定を入れられないように、予定表で30分間ブロックしておきましょう。☑の時間には、重要な調整が必要な会議を入れるようにしましょう。

---

[35] アレックス・セクストンによるこの記事は、コンセプトが単に素晴らしいだけではなく、彼が行う内省の種類は本当に注目すべき。https://alexsexton.com/blog/2014/1/the-productivity-cycle/

文脈の切り替えとバッチ処理

　可能であれば、似ているタスクを同じ時間帯に設定しましょう。マネジメントの階層を上がれば上がるほど、関わるプロジェクトが多岐にわたります。特定のプロジェクトに必要な会議が多いのあれば、それらの会議をバッチにまとめると、文脈のスイッチが不要になり、会議間の情報を失わずにすみます。まとまりのない問題同士を飛び回っていると難しくなります。似ているプロジェクトに基づく会議をまとめて連続にしておくことで、認知漏れを減らし集中を維持できます。

　私自身は、1on1もまとめています。メンバーが少ないときは、すべての1on1をまとめるのはかなり簡単でした。エネルギーに満ちあふれている時間帯に1on1をまとめて、精力的に1on1に取り組めたのです。

　時間が経つにつれて、配下の体制が拡大した結果、その選択肢はもはや利用できなくなりました。そこで、似たようなテーマの1on1をまとめようと試みました。特定の機能に取り組んでいますか？　同じ機能のプロジェクトに取り組んでいるメンバー全員との1on1をまとめてみてください。週の後半に、調整がたくさん必要な会議はありますか？　遅くともその会議の前日までに、関連する情報が得られる1on1をまとめましょう。必要な情報を把握してから、会議に臨む準備が整います。その他も同様です。

ハイレベルなスケジュールの構築

　ここまでで必要なデータが揃いました。ここから週単位の予定の大枠を決められます。自分の予定表に合う範囲で、優先度を反映し、集中する時間、休憩時間、臨時の会議のための余裕を組み込んで、プロジェクトに基づく会議、チームの同期ミーティング、1on1を設定できます。似ているプロジェクトの会議をまとめることで、文脈スイッチが不要になります。リスクの高い場所にたくさん時間を使い、それほど関連性の

ない場所では連絡を減らすようにします。

　このハイレベルな予定は、プロジェクトや組織の変化に伴って、四半期ごとに再評価する必要があります。自分がいちばん集中できる時間についても、見直すとよいでしょう。

人生を受け入れること、完璧を求めないこと

　うまく優先度付けできれば、仕事のストレスを和らげ、可能なときに最大限の成果をあげられるような方法で、仕事に取り組む時間が構造化されます。優先度付けのゴールは、自分が充実感を得られる仕事に焦点を当てて、そうではないタスクを取り除くことです。これが理想的な状態です。

　同時に、自分自身への寛容さも少し必要です。誰も全部できるわけではありませんし、完璧なバランスなんてものは実際には存在しません。

　私たちは、自分の人生にいくらかの優先度と調和を作り出そうとしています。そして、それは自分を責めるものではありません。だから、頭の中に流れている自己嫌悪のポッドキャストの音量を下げてください。いいですね？

　本章では、自分の人生で起こる必然の混乱を整理するために役立つツールをいくつか紹介しました。人生には穏やかなときもあれば、混沌としているときもあります。人生が完璧に整っていなくても自分を許し、自分が持っているツールを使って最善を尽くしましょう。

21

日々の優先度付け

　ハイレベルなゴールと予定を明確にする方法をいくつか見てきました。ここからは、日々の仕事に優先度を付ける方法を話しましょう。

　計画を立てるためにまずやることは、大きなものから小さなものまで、すべてのタスクを集めることです。これらを頭の中で放置していると、やるべきことで重荷を感じるようになります。だから、すべてのタスクを何らかの紙に書き出しましょう。ノート、自作のToDoリスト、Notion、Evernote、Clearなどのアプリケーションなどが使えます。何を使うかは自分次第です。

　さて、日々の優先度付けを始める準備が整いました。

タスクの優先度付け

「単に座ってそれをやるだけで、こんなにできるんだから驚きだ」

*　—クリス・コイヤー、CSS-Tricksの創設者、CodePenの共同創設者*

非常に単純なタスクがあります。それをする必要があります。議論の余地はありません。他の誰かがあなたに頼っている、あるいは将来の自分が何らかの形でそれに依存しています。これらの優先度付けは実際簡単です。それから、それ以外のタスクもあります。どうやって、すべてのタスクに優先度を付けるのでしょうか？

まず、大きなタスクを小さいタスクに分解します。これは、次の順番でのタスクの並べ替えに役立ちます。

1．緊急事態か、期限が迫っているもの
2．すぐに完了できること
3．時間を確保して取り組む必要があるもの
4．将来的に取り組むかもしれないもの

早いうちから小さなタスクに取り組む理由の一部は、**やる気が重要**だからです。タスクを終わらせると、生産的で気分がよくなるので、他の仕事を終わらせたくなります。チェックをつけるたびに、ドーパミンが少し分泌[36]されるからです。

これは、すでに完了したタスクをリストに残しておく理由でもあります。バカバカしく聞こえるかもしれませんが、完了を認識することが、やる気の継続と複雑なタスクへの後押ししてくれます。

タスクのスケジューリング

私は、Notionの週間プランナーを使ってタスクの予定を立てるのが好みです。（図9を参照）1週間で完了できるすべてのタスクを取り上げて、各タスクをするために最適なタイミングに基づいて、日ごとに分

---

[36] https://en.wikipedia.org/wiki/Dopamine

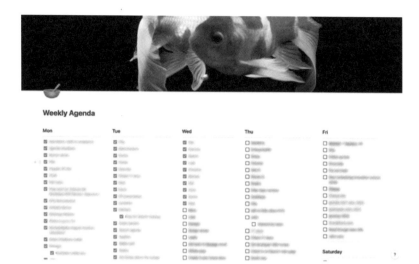

図9 週間の予定が半分完了した状態のビュー

解します。タスクを終わらせたら、そのタスクを上部にドラッグして、「完了」したタスクをまとめてグループ化します。

一日の終わりに、下部でチェックがついていないものをすべて次の日に移します。特定の日にタスクが積み重なっているかどうかをひと目で確認できます。これは、優先度を変更する必要があるシグナルにもなります。週の終わりまで残っているものは、翌週のボードへとドラッグします。

また、長期的なタスクや優先度が高くないタスクのために「一般的なToDo」のカテゴリも用意しています。たまにそのリストを確認して、適切なときにタスクを「ローカル」の週間カレンダーに組み込みます。

私はこのアプローチが、カンバンや手作りの週間ToDoリストよりもずっと好きです。なぜならば、カンバンは満足感がなくて終わりがないように感じられるからです。このモデルであれば、大きな計画が日ごとに細分化されて、週の終わりには何かを成し遂げたことが明確になります。これがやる気につながります。

図10 週の予定が完全に完了した状態でのビュー。完了していないものは次の週のボードに、日付を分散して引き継がれる。

　大きなプロジェクトはカンバンを使い続けていますが、日々の仕事ではドーパミンをできるだけ活用しようとしています。小さなタスクでも会議でも、何かをしたら自分を認めて、常に仕掛りを残さずに前進するようにしています。

　常時タスクが追加されていくという事実があったとしても、自分のやる気を引き出し、進捗に自信を持てるシステムを見つけましょう。

緊急時の対応……

　このモデルでは、緊急タスクが発生した場合に、再構成して優先度を見直す余裕があります。週の初めに、予定を固定する必要はまったくありません。緊急タスクが出てきたら、その日の予定に追加して、もともとその日に予定されていたタスクを後日に移します。そのタスクは、時がきたら取り組むと考えておくのです。

システムを作る

「より良い結果を得たいのであれば目標設定をやめよう。その代わりに、システムに集中しよう」

—ジェームズ・クリアー
「ジェームズ・クリアー式 複利で伸びる１つの習慣」
（パンローリング 株式会社）

　図11は、私がNotionで作成したテンプレートで、毎週複製して使っています。定期的な会議や、「犬に餌をやる」といった用事が毎週あるからです。テンプレートがあると、スケジュール作成が少し速くなります。なぜなら、週次の会議があらかじめ組み込まれていて、新しいToDoや突発の会議を追加するだけで済むからです。

　これは、意思決定疲れの話につながります。仕事を自動化するためにしっかりしたシステムに頼るほど、本当に注意を払う必要のあることを考え抜くための精神的エネルギーを温存できます。

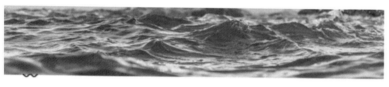

図11 Notionで作成したカスタム週間予定テンプレート

自分のかけた時間の価値を認めよう

　私のプランナーには、タスクだけでなく、人の名前や会議の名前も記入しています。プランナーに書いておいて、会議が終わったらチェックを付けます。

　マネジャーとして実際に手を動かして何かを作る時間がなくなり、仕事がタスクよりも、グループ間や1on1でのタスクの調整やチームの方向性を整えるような会議になってくると、苛立つこともあるでしょう。

　私は毎日、すべての会議の予定をプランナーに書き込んでいます。そうすることで、会議が終わったときに、他の人との調整に費やした時間に意味があったと認識できます。この方法は、「私がしているのは会議ばかり！　自分の仕事が終わらない！」という気持ちを防ぐことにも役立ちます。マネジャーにとって、会議は仕事そのものです。私は、会議の価値を認めることで、タスクの完了よりも、難しい人間関連の仕事を優先するようにしています。

自分自身を知る

　ここまでのシステムのほとんどが私にとって機能するのは、私が自分の強みと弱みを理解して、それに合わせて行動しているからです。つまり、私は物事をステップに分解するとより効率的に仕事ができるのです。仕事に最も意義が感じられるとき、また無駄を取り除いたときにいちばんうまく働けます。できる限り、自分のエネルギーレベルに合わせているとき（反していないとき）に、いちばんうまく働けるのです。

　自分のやる気を高めてくれるものも知っています。毎週の予定表やアイコンをカスタマイズすることで、変化をつけて、マンネリ化した仕事にならないようにしています。リストを見渡しながら、好きなものを見つけることで、ちょっとした喜びを感じられます。私はこの作業はまる

で、テレビシリーズ「パークス・アンド・レクリエーション」に登場するレスリー・ノープが「私の趣味の一つはプランナーで遊ぶこと」と言っているようだと、冗談交じりに話しています。この類の出力は、コーディングとはかなり違います！　しかし、体系的な方法を組めば、コーディングのプロセスと同じように創意工夫できます。

　プログラマーのアリス・ゴールドファスのように、これを科学にしている人もいます。

> 「私は個人的な人生のToDoリストのためのカンバンを持っている。そして、Done（完了）の列を空にして、毎週それを私にテキストで送ってくれるcronジョブがあるので、達成感を得られる」
> —@alicegoldfuss、2019年5月25日

　自分に合ったシステムを見つけてください。

22

境界線を設定する

　私たちの仕事の性質上、いつも他者をサポートしており、自分を犠牲にしてみんなに尽くしすぎてしまうことがあります。自分よりも他者をいつも優先するような人であれば、健全な境界線の設定が難しくなるかもしれません。自己中心的に感じられるからです。しかし、自分のために境界線を設定することが、他者のサポートにつながります。

　境界線を設定しなければ、自分の価値観に沿って生きられず、最終的にチームを適切にサポートできません。ノーを伝えるのは、最初は奇妙で不快に感じられるかもしれませんが、それは間接的な方法で、チームのために行う勇気ある行動です。これは簡単ではありません。自分を大切にすること、それがチームを大切にする最高の方法です。

ノーを伝える

　抱え込みすぎること、一度に多すぎる責任を抱えることによる苦痛。

それらが一気に押し寄せてくるときがあるので大変です。一つずつに「はい」と答えているうちに、気がついたときには、完全に忙殺されてしまうのです。もしくは、特定の一つの仕事だけに「はい」と言ったつもりでも、その仕事には大量の仕事が含まれていて、そこからは何も得られるものがないのかもしれません。

　境界線の設定にあたって、ノーを伝える決断を下すことは難しいかもしれません。すぐに答える必要はないことを覚えておきましょう。考えて決断するための時間を相手に求めればよいのです。私は通常、期限を決めて回答するようにしています。そうすることで、忘れてしまったり、先延ばしにしすぎたりせずに済みます。それ自体が生むストレスも回避できます。後からではなく、初めからノーと伝えることも重要です。ノーを伝えるときに、申し訳なさや不快感があるかもしれませんが、次のことを考えてみてください。つまり、最初からノーを伝えれば、後で被るダメージを減らせるのです。その依頼者は別の計画を立てられますし、自分が納得していないことで疲れ果てて過労になることもありません。家族や友人も感謝してくれるでしょう。なぜなら彼らのためにもっと時間を割けるからです。

　「イエス」と答えてしまったけれども、本来はノーと言うべきだった状況に陥った場合（家族やその他の緊急自体を除き）、そのときに感じていた不快な感情を将来の指針として活用しましょう。「まぁ、こんな気持ちには二度となりたくないですよね？」。だから、ごちゃごちゃ言わずに仕事を片付けましょう。そして、将来の自分のためにより良い選択をしましょう。

会議が多すぎる

　価値を見出せない会議はどうするべきでしょうか？　ときには、会議を中止したり、頻度を下げて再度予定を立てたりする必要が出てきます。

　他の人に委譲したり、境界線を明確に定めたりすることで、多すぎる会議を回避できます。他者から多くを求められている場合は特にそうです。期待と必要性を設定できるようになる必要があります。たとえば、「隔週に一度の会議にして、時間を最適化しましょう。それまでの間に何かあれば、メールかチャットで連絡を取りましょう」といった具合です。

　これが不快に感じられる場合、特に責任が大きくなっていれば、立ち止まって確認してみましょう。各自の仕事を進めている部下のマネジャーらを信頼していますか？　信頼の問題や、方向性の不一致の問題から、マネジャーや彼らのチームとたくさん会議を開いているのでしょうか？　会議を応急処置として使うのではなく、ここでは基本的な前提に取り組んでみてください。

　必要な場面ではいつでも、チームと成果の方向性を一致させることを忘れないでください。チームに期待していることを伝え、会議が可能なタイミングを一緒に決めましょう。求められている成果をチームが理解していて、実現可能なことに双方が合意しているなら、適切な方法で成果に向かって進むとチームを信頼できます。各ステップの実行方法について、あなたが細かく関与する必要はありません。マネジメントの階層が上がるにつれて、このスキルの習得がますます重要になってきます。

境界線の境界線

　ここで、反対側に行き過ぎる可能性もあることを述べておく価値があります。新任のマネジャーにとって、自分の仕事が変わったと理解することは難しいかもしれません。ある程度は集中する時間が必要かもしれませんが、集中はもはや主な仕事ではありません。今や会議があなたの仕事であり、調整があなたの仕事です。チームが集中して仕事に取り組めるように、あなたの仕事は割り込み駆動になります。これはつまり、会議から自分を守りすぎてはいけないということです。

IC（Individual Contributors）が、「マネジャーは不在で、チームを気にかけていないように感じている」と話しているのを何度聞いたかわかりません。同時に、マネジャーが「集中できるように予定を確保するようにしている」と自慢しているのも何度も耳にしました。自分の時間を守るためにチームが迷子になっているようなら、おそらく仕事をうまくこなせていないのでしょう。

自分にとって不快なことから自分を守るための手段として境界線を使わないようにしてください。成長はときに不快感がありますし、自分を駆り立てないための言い訳として境界線を使っているかもしれません。ここでは、自己の内省がいくらか必要かもしれません。

自己の境界線：精神面

しなやかなマネジャーになるためには、自分を許す必要があります。数日（あるいは、数年！）は、他の日よりも生産的なこともあります。それでよいのです。人生は山あり谷ありです。

自分自身に頻繁に問いかけると役立ちます。生産性が低下しているのは、単に少しペースが遅いからでしょうか？　それとも、うつ病の兆候かもしれない？　個人の目標（あるいは働いている会社の目標）と方向性がずれていたり、有害な環境に反応したりしているのでしょうか？単に個人的な、自然な周期が原因でペースが少し落ちているのであれば、自分自身に対する忍耐が重要です。しかし、もし後者が当てはまる可能性があるのであれば、セラピー、コーチング、友人関係、健康と幸せにプラスに影響する変化など、サポートを求めてください。

いずれの場合であっても、許しが必要です。場合によっては、優先順位付けした計画以上のものが必要になるかもしれません。しかし本当は、全部をこなすことはできません。なぜなら、すべてをこなせる人は誰もいないからです。

　ソーシャルメディアで見かける人は成功した面だけを見せているかもしれません。フォロワー数が多いほど、嫌がらせも増えます。すべてを共有することが自分の精神面の健康にとって安全ではないかもしれません。**外から見ることのできる他人の姿と、自分を比較しないでください。**

　実際のところ、私たちはみんな取り乱すことがあります。ときには、精神状態をソーシャルメディア越しに、ましてや自分の会社やコミュニティの人にすら公表したくないこともあります。私は次の個人ルールを持っており、役立ちそうなら他の人にも伝えるようにしています。「比べなければ落ち込まず」。

　あなたは自分の旅路の途中にいるのです。**自分にとって正しい決断を下しましょう。自分に必要なことはわかっています。自分を信じましょう。**

自己の境界線：物理面

　休暇を取らないことは、あなたとチームに害をもたらすだけです。休暇を取らないことで給与が増える場合にどれだけ休まずに働けるかを試しているかもしれません。あるいは、仕事をがんばり抜く人を賞賛する文化があるのかもしれません。いずれにせよ、長い間休暇を取らないと、あるいはまったく休暇を取らないと、実際には最高のパフォーマンスを発揮できません。休みは必要です。

　また、好むと好まざるにかかわらず、チームメンバーが必要とする休暇を取ることが不適切であるというシグナルをチームに送ってしまいます。チームメンバーは、あなたが最初に休暇を取っているのを見るまでは、自分が休暇をとってもよいのかどうかを確信するのは難しいでしょう。

現実の境界線

境界線で奇妙なことは、誰かが境界線を表明すると、多くの場合で他の人が最初にそれを試したがるということです。なぜそうなるのかは分かりませんが、それが起こるのです。だから実際には、境界線の設定はおそらく最初の一歩に過ぎません。

コーチのジェシーは「相手が聞いて初めて、境界線になる」と言っています。いったん境界線が設定されたら、それを維持するために努力する必要があります。

マネジャーとして、境界線を試さないようにしましょう。特に注意深く考えて、できるときはいつでもふりかえりましょう。

境界線を表明しても、誰かがそれを越えてしまうと、信頼が現実に裏切られたように感じることがあります。あなたにとっては自明なのかもしれませんが、境界線を越えていることにみんながいつも気づいているわけではありません。前に言ったことを再度強調してみましょう。境界線を強い言い方で再度表明すると、通常はうまくいくようです。アメリカで、境界線を引くことが人によっては強すぎる行為と感じられるのは、ちょっとした文化的現象のようです。私がギリシャに住んでいたときは、境界線を表明することが「普通」であり、他の人が明確にしていることをみんな受け入れていました。

文化と価値観について詳しく説明することは、この本の範ちゅうを越えていますが、このテーマを深く掘り下げたエリン・メイヤーの『異文化理解力—相手と自分の真意がわかる ビジネスパーソン必須の教養』（エリン・メイヤー 著、田岡恵監訳、樋口武志訳、英治出版、2015）を強くお勧めします。

まとめ

　境界線の設定は微妙なテーマです。日々の優先順位、他者のコミュニケーションの方法、個人レベルで許容できること、会社レベルで許容できることに関連しています。ここでは、自分の価値観を忘れないでください。価値観に基づいて生きるには、何を許容して何を拒否するかといった、調整が常に必要です。

　境界線を設定するときに失礼な態度を取る必要はまったくありません。境界線を設定することに何の問題もありません。仕事の時間外では、仕事やコミュニティに自分自身の一部を捧げる必要はありません。最終的には、自分の境界線がどこにあるかを把握していれば、いずれの状況であっても最善を尽くせるでしょう。

23

まず自分を
大切にすること

あるとき、ジェシーとのコーチングセッションで、私は社内政治の愚痴をこぼしていました。「彼がそんなことを言うなんて信じられない！」「リーダーシップチーム全体にとって何の役にも立たないのに」と不満を漏らしていました。

「それはひどいですね」「その問題への対処は大変ですね」と彼女は言いました。それから、「では……」と続け、「この問題に柔軟に対応するために、何をしたらよいでしょう？」と尋ねてきました。

この質問に、不意をつかれました。誰かが失礼な態度を取っているのに、なぜ私が対処しなくてはいけないのでしょう？

そこには、とても良い理由があるのです。

リーダーシップには、苦難、誤解、方向性の調整、優先順位、報酬をめぐる厳しい仕事がつきものです。私はどんなにがんばっても、すべての問題を解決できませんでした。不完全さと共に生きることを学ばなければならず、その中で自分を大事にする方法も学ばなければなりません

でした。

　他人をサポートし、物事を結びつける仕事がたくさんある役割では、自分が倒れないことが重要です。だからといって、逆境や悪い状況を否定するわけではありません。今回の愚痴の例であれば、ジェシーは否定的なやりとりを軽視したり、それが実は良いものだったと偽ったりしませんでした。それを認め、その上で進む方法を見つけたのです。自分の感情を否定しないことも重要です。人にはありとあらゆる感情があります。しかし、何かを対処し終えたら、次にすることを考える必要があります。

　ジェシーは私に長続きするツールを授けてくれました。他者のために最高の仕事をするためには、自分を大切にしなければならない、といくらか理解することです。実際、これは見失いがちなことで、十分にストレスのかかる仕事をするには結局、自分を大切にすること自体が仕事になります。

≡ セルフケア

　「セルフケア」という言葉が近年は流行語になっており、その意味合いがいくらか薄れてしまっているかもしれません。しかし、それは依然として重要な原則です。ジェシーが私に「レジリエンス（回復力）」について尋ねるとき、「どうやって自分をケアしていますか？」とよく聞いてきます。

　セルフケアはすべて「自分に良いこと」でなければならないように思えるかもしれません。たしかに、体に良いことは心と精神に確実に役立ちます。しかし、人生で「しなければならないこと」が多すぎて、「やりたいこと」が少なすぎるとちょっと危険です。私は、どちらもほどほどにすることをお勧めします。また、物事を「良い」か「悪い」で定義するという判断から、自分を解放することすらお勧めします。

セルフケアは、大きな目標を達成することだけではありません。私は今年、会議の合間に集中作業するときは必ず、お気に入りの椅子に座ると、新年の抱負を立てました。一日中同じ机の前に座っているだけで、疲れ果ててしまいます。ちょっとした景色の変化で、毎日集中する時間が楽しみになりました。

小さな喜びを見つけてレジリエンスを高める

ちょっとした瞬間に喜びを見つけることが大切です。贅沢な旅行や豪華なケーキである必要はありません（もちろん、これも素晴らしいですが！）。会議の合間にストレッチをしたり、窓の外を眺めて差し込む光を見たり、くだらない冗談を言ってみたりするぐらいシンプルでよいのです。どんな瞬間も、休憩と喜びの機会です。

「仏の教え ビーイング・ピース―ほほえみが人を生かす」（ティク・ナット ハン著、棚橋 一晃訳、中央公論新社、1999）の中で、著者のティック・ナット・ハンは次のように書いています。

「この瞬間に生きる」――ここに座っているとき、私は、ほかの場所のことや、過去、未来のことを考えません。（中略）ともすれば、私たちは、現在ではなく、未来に生きようとします。そして、こう言います。「大学を終えて博士号を取るまで待ってください。そのあとで、本当に生きます」（中略）就職のあとは、車です。車のあとは、家です。（中略）そこで、もしテクニックについて述べるとすれば、それは、私たちが、現在の瞬間を生きることです。今ここにいることをはっきりと知ることです。生きることの唯一の瞬間が、現在の瞬間でしかないことを、はっきりと知ることです。「素晴らしい瞬間だと知る」――今この瞬間が、唯一の真実の瞬間です。

平和な瞬間を作れば作るほど、避けられない争いや不和の瞬間に対し

てよりしなやかになります。内面が混沌としていると、仕事をすることも、自分の内面の健康を大事にすることも難しくなります。

感謝の日記

コーチのジェシーは、何年も前から私に感謝の日記をつけるように勧めてきました。なんだかニューエイジ的[37]に聞こえて、私には合わないと思っていました。いつも彼女のアイデアに感謝していましたが、実行には移していませんでした。そんなとき、夫のがんが再発しました。私は泳いでいるような、ゆっくりと水面に引きずり込まれていくような感覚に襲われました。何もかもが意味をなさず、しがみつくものは何もありませんでした。完全に絶望して、わらにもすがる思いで、何でも試してみたいと思いました。そこで、彼女の日記のアイデアを試してみたのです。

非常に気分が良くなったことに驚きました。前にも述べたように、脳には否定的なバイアスがあり、身の回りにある良いことすべてが見えるように自分を再訓練するには、いくらかの努力が必要です。神経科学者らは、感謝の実践によって実際に脳の化学構造が変化することを発見しています[38]。

『幸福優位７つの法則 仕事も人生も充実させるハーバード式最新成功理論』（ショーン・エイカー著、高橋由紀子訳、徳間書店、2011）の中で、著者のショーン・エイカーは、テトリス効果について述べています。つまり、何かについてたくさん考え始めると、至るところでそれに気づくようになるということです。それを感謝の実践に適用することで、日々の生活で見過ごしていたかもしれない感謝すべきことを見つけられ

---

[37] 訳注：ある種のスピリチュアルな思想や生き方を示すような。

[38] It's incredible that something so small can alter your perspective so deeply: https://greatergood.berkeley.edu/article/item/how_gratitude_changes_you_and_your_brain

るようになります。エイカーは次のように記しています。

　私たちの脳は、ストレス、否定的なこと、失敗に焦点を当てるパターンに陥ってしまうと、自分自身を失敗するように準備してしまいます。テトリス効果は、可能性のパターンを見つけ出すように脳を再訓練する方法が教えてくれます。そうすることで、至るところで機会を見つけ、つかめるようになります。

　私の日記は、大したものではありません。日付と、感謝していることを簡単なリストにしただけです。始めたころは、少し難しかったです。がんの再発のことが頭から離れず、パンデミックが始まったばかりで、仕事も特に大変でした。偽って前向きになるような「気分」ではありませんでした。しかし、私が感謝すべきことは、まったく偽りではありませんでした。私たちは手の届く範囲の素敵な家に住んでいて、素晴らしい子どもたちとかわいい犬たちがいて、裏庭の花が咲き始めていました。人生で一文無しになったこともありましたが、今は違います。必要であれば新しい歯ブラシを買えるし、靴に穴が空いたら新しい靴を買えます。そして、ちょっとしたことに感謝するようになりました。たとえば、雨上がりのコンクリートの輝き方が気に入りました。子どもたちが寝ているふりをして、親をだませたと思っているときの小さな笑い声。業績抜きに、チームがお互いを単に気遣っているからこそ、互いをサポートする瞬間。週末の深夜に、本業以外のプロジェクトでのコーディング。
　自分を無理に追い込むことなく、先回りして周りにある小さな素晴らしいことに気づき始めました。人生や仕事に対する私の見え方が良くなりました。そして、ジェシーが予想したとおり、私のレジリエンスも高まりました。
　この実践によってより良いマネジャーになれたでしょうか？　もちろん、なれました。

夫のがんの再発のとき、私は最悪の状態でした。そのときどきで、感情をほとんど制御できませんでしたし、かなり神経質でした。一度にたくさんのことを気にしすぎて、ほとんど何も気にかけていませんでした。ジェシーの提案によって、私は救われたわけではありませんでした。人間はブーリアン[39]ではありません。この実践によって状況が魔法のように改善されるわけではありませんでした。しかし、それでもこの困難な時期を乗り越えるためのツールになりました。それは、私が必死に求めていたツールです。

完璧に書く必要はありません。私は個人的に、一日置きにToDoリストに感謝を書き加えています。書き忘れても大丈夫です。次回に書けばよいだけです。一定のペースを保てれば、全体的な見通しに役立つと私は感じています。あなたにも同じように役立つかもしれません。

自分のお気に入り

感謝の日記によって、自分の充電に必要なものが明らかになるかもしれません。日記がなくても、これらは見つかりますし、必ずしも必要ではありません。しかし、乗り切るため役立つものを把握することは重要です。

私は良く食べて、十分に水分を摂っていないとうまく働けません。運動もまた、残念ながら重要です。運動がいつも大好きなわけではありませんが、運動をすると、エネルギーが増えて幸せな気分になります。以前は運動が嫌いでしたが、音楽を聴く代わりにオーディオブックを聴くように変えて、できるだけ外で運動するようにしたことで、運動に完全に新しい喜びを見つけました。

厳しい議論が仕事で何日も続くときは、少なくとも40分間運動すると、

---

[39] 訳注：プログラミングで使われる概念で、True（真）か False（偽）のどちらかを示す。ここでは、True やFalseのいずれかに割り切れるわけではないという意味で使われている。

より多くの対応手段と思考の明確さが得られることに気づきました。これは大変です！　こういった日は通常、時間を取り戻したいと思う日です。しかし、この時間を作り出すと何度も不安が減る体験を何度もしてきたので、そうしています。

　また、私はワインが大好きで、夫や友人との長話も相まって、ポーチで飲むワインは長い一日の後に私を元気づけてくれます。入浴でも落ち着きますし、コーディングでも活力が湧きます。どちらかを組み合わせて、乗り切るために必要なものを得ています。

　私のツールがあなたにも当てはまるとは限りませんが、それでよいのです！　自分の喜びを見つけ、育んでください。

MM

chapter

24

自分を信じること

　大学院で、ハーバード大学とカートゥーン・アート・ミュージアムとのプロジェクトで、教育を十分に受けていない子どもたちに自叙伝的な漫画を作ることで読み書きを教えました。同じ子どもたちに何年も（5年生、6年生、7年生[39]）教えていると、ある傾向に気づきました。5年生と6年生はみんな漫画を描けました。彼らは素晴らしく、創造的なストーリーや独創的なキャラクターを描いていました。しかし、7年生になると、もう漫画を描けないと主張するようになったのです。彼らはいつもグループの中の一人を指して、「アレックスに聞いてみて。彼がアーティストだよ」と言いました。

　中学校は大変な時期です。6年生から7年生にかけて何かが起こり、子どもたちはより防御的で恥ずかしがり屋になり、自分のアイデンティティを一つの特性に結びつけるようになりました。「彼女はスポーツ少

---

[40] 訳注：米国の教育では1年生から12年生までを数えることから7年生が存在している。

女」「彼は本好き」といったように、どうしてか、彼らは何かでの「得意」「不得意」を、まるでブーリアンのように決め始めるのです。5才の子どもに「絵が描ける？」と聞いたら、まるであなたが三つ目を持っているかのように見られるでしょう。もちろん、絵を描けます。同じ質問を大人にすると、おそらくまったく違う答えが返ってくるでしょう。

しかし、「得意か」「不得意か」という概念は、科学的には支持されていません。

成長マインドセットと固定マインドセットという言葉を聞いたことがあるかもしれません。固定マインドセットを持つ人は、自分のスキルは不変であり、ある程度のレベルまでしか上達できないと信じがちです。一方で、成長マインドセットを持つ人は、努力すれば変われると理解しています。

2007年のリサ・ブラックウェルらによる研究[41]では、373人の7年生を対象に、彼らが成長マインドセットか固定マインドセットかを調査しました。数年間にわたって、彼らの進歩を追跡しました。2年後、成長マインドセットを持つ学生は着実にGPA[42]を高めていく一方で、固定マインドセットを持つ学生のGPAは停滞しました。

達成したい目標を特定して、それに向かってゆっくり進むことで、成長マインドセットを育めます。また、自分の仕事の価値をときどき自身に思い出させることもできます。

実際、将来の成功の予測因子としては、自分の能力を信じることが、過去の仕事）の業績よりも優れているという研究結果があります。アルバート・バンデューラは、著書の『Self-Efficacy：The Exercise of Control』でこれについて論じています。彼の研究から得られる素晴らしい知見は次のとおりです。

---

[41] https://news.stanford.edu/news/2007/february7/dweck-020707.html
[42] 訳注：Grade Point Average で、学業成績の平均値のこと。

- 自分の能力と才能を信じることは自信と関連がありますが、同じではありません。彼はこれを、自己効力感と呼んでいます。自己効力感の認識とは、「人間の能力の生成システムにおける重要な要因」です。
- 自分の人生でいくらかの主体性があると感じるとき、自分の制御部位内で行動する能力を信じるとき、私たちは力強くなります。
- 自己効力感は、うまく努力できるようになるだけではなく、障害や失敗に対してもしなやかになることに役立ちます。

　自分を信じることは自己中心的なことではありません。マネジャーは非常に大変な仕事です。自分自身が支えられていなければ、みんなを支えることはできません。

自分を信じてくれる人たちに囲まれること

　自分のマインドセットは、他者のパフォーマンスにも影響を与えます。誰かの可能性を信じることで、その人のパフォーマンスに影響を与えられます。

　「Invisibilia」というポッドキャストで、「バットマンになる方法」というエピソードが配信されました[43]。このエピソードでは、似たような能力を持つネズミを使って、人間のトレーナーに「このネズミは遅い」と伝えて、それからレースをさせました。このネズミの結果は、平均を下回りました。一方で、「このネズミは優秀だ」と伝えられたトレーナーのネズミは、速く走りました。トレーナーがネズミを扱う方法が、先入観によって微妙に変わっていたことがわかったのです。そして、実際に「ネズミの自信」にも影響を与えていたのです！

---

[43] This episode is particularly great, but I highly recommend all of the Invisibilia podcasts: https://www.npr.org/programs/invisibilia/378577902/how-to-become-batman

これを人間に当てはめてみましょう。自分をサポートしてくれて、自分の仕事を評価してくれる人に囲まれていることは、どれくらい重要でしょうか？　あなたを否定したり、疑ったり、不快な気持ちにさせる友人が一人いるだけで、どれだけのコストがかかっているでしょうか？　おそらく、たくさんです！

　心理学の分野では、ピグマリオン効果[44]という名前の概念があります。周囲からの高い期待が良い結果につながり、低い期待が悪い結果につながるという、自己成就予言を表しています。

　自分をサポートしてくれる人たちに囲まれることは非常に重要です。サポートにはさまざまな方法があります。愛情深く情熱的に守ることでサポートする人もいれば、自分の価値を思い出させてくれることでサポートする人もいます。一緒にフォートナイトで遊んだり、ウィスキーを飲んだりすることでサポートする人もいます。嫉妬せずに行動してくれる人を探しましょう。また、**あなたも彼らをサポートしましょう。**

　ドラマ「パークス・アンド・レクリエーション」のレスリー・ノープの賢明な言葉にあるように、「人生で大切なことを思い出す必要があります。友人、ワッフル、仕事。あるいは、ワッフル、友人、仕事？　どちらでも構いませんが、仕事は3番目です」。

コーチングとメンターシップ

　困難な時期に応援してくれる頼れる仲間やグループがいることは非常に重要です。誰かのマネジャーとして、自分にもサポートが必要です。自分の直属の部下や上司がいないところで、自分のために物事を整理できる場所が必要です。本書で何度も言及してきたように、私にはコーチがいます。また、他のマネジャーたちからなるカバル（同じ会社の同僚

---

[44] https://en.wikipedia.org/wiki/Pygmalion_effect

や、他の会社の人が含まれる秘密のグループ）もいます。

どれも私にとって非常に重要です。

マネジャーになると、初期状態では少し孤独に感じることがあります。チームの他のメンバーのように、物事を処理できません。危機的な状況で冷静さを保たなければなりません。しかし、あなたも人間であり、感情、偏見、心配、恐れがないふりはできません。つらいときに頼れる人、一緒に笑い合える人、自分は受け入れられている、価値があると感じさせてくれる人を見つけましょう。

私のコーチは、知っている中でいちばん賢い人の一人です。彼女は、私の手に負えない状況に対処するためのツールを授けてくれます。誤った道に進み始めたときに、私を導いてくれます。私が単に愚痴をこぼしたいときには耳を傾け、難しい会話を乗り切るための準備を手伝ってくれます。ちなみに、彼女は新しいクライアントを受け付けています。彼女は非常にお薦めです。jessikovalik.com[45]まで。

他の情報を探しているなら、遠隔でのセラピーやコーチングが受けられるBetterHelp[46]のようなサービスがあります。サービスの利用自体が重要なわけではありませんが、自分に安全な場所とツールを与えてくれる人を見つけることをお勧めします。パートナーや親友に頼ることもできますが、お勧めしません。なぜなら、難局を乗り切らせるために正式に訓練を受けたコーチがいるからです。

友人のシモナ・コティンが、マネジャーのカバルを作りました。作家でトレーナーのララ・ホーガンが、あるワークショップの中でカバルを作るように提案しました。コーチと同じように、私たちはお互いに耳を傾け、助言を与え合いますが、それは別の種類の安全な場所です。コーチングはツールを授けてくれますが、カバルは誰もが受け入れられる場

---

[45] https://jessikovalik.com/

[46] https://www.betterhelp.com/

所を提供してくれます。笑ったり、後悔を表現したりもできますが、何よりも、自分らしくいられて、すべてがそこまで深刻ではない場所です。実行可能なアドバイスをお互いに与え合い、メモを比べ合います。これが可能なのは、マネジメントの学術的な研究ではなく、私たちみんなが同じ体験をしているからです。この仲間のグループには意味があります。なぜなら、他のみんなのマネジメント方法は、実際にはわからないからです。外からみると、自分以外はうまくマネジメントしているように見えるかもしれません。私たちは順番に出来事を処理して、耳を傾け、助け合います。もちろん、愚痴も言います。

コーチとマネジャーのカバルはどちらも、2週間に1回会っています。このペースである必要はありません。自分に合ったペースを見つけましょう。マネジャーのカバルは8人以下、一般には6人ぐらいが理想です。それ以上の人数になると、みんなが共有することが少し難しくなって、本当に有益というよりも、パフォーマンス的になってしまうかもしれません。誰もが発言する順番を待たなくてよく、会話が円滑に流れ、内気な声も無視されないような小さいグループがよいです。

マネジャーは大変です。自分の失敗がみんなに影響し、そのプレッシャーによって少しばかりの孤立感を抱くことがあります。私は本書で挙げた失敗をすべて経験してきましたし、他にもたくさんあります。私は、落とし穴にはまったときに、独りぼっちでいるような感覚にならないように、共有することが重要だと感じています。私たちには、前に進む道があるのです。

恩送り

アイン・ランドさん、ごめんなさい。研究によれば、奉仕する人は長期間にわたって幸福を感じやすいことがわかっています[47]。

「利他的な支出の効果は、おそらく運動の効果に似ています。運動には即効性な効果と長期的な効果があります」

―エリザベス・ダン博士、ブリティッシュコロンビア大学教授

この研究には説得力がありますが、この研究の続きはさらに興味深いものでした。ブリティッシュコロンビア大学の教授であり、著者でもあるエリザベス・ダン博士は、「人を助けることで幸せになれる―でもそのやり方が重要」というTEDトークを行いました[48]。単に問題にお金をつぎ込むよりも、つながりがある状態での奉仕が重要であると語っています。この講演では、奉仕による影響を見たり、結果につながりを感じたりすることによって、最大の喜びが得られると説明されています。私は心から、ダン博士の15分間のTEDトークを観ることをお勧めします。彼女は素晴らしいスピーカーです。

恩送りにはさまざまな形があります。私たちは立場上、たくさんの機会や参加のチャンスが与えられることがあります。私たちのチームに直接属していないとしても、誰かのキャリアをサポートするための素晴らしい方法は、こういった扉を開くことです。たとえば、講演の機会を譲ったり、重要な議論の場に参加する機会を作ったり、より良い仕事への就職を手助けしてくれる人を紹介したりといったことです。たくさんの方法があります。

恩を送るもう一つの方法は、誰かをメンタリングすることです。リーダーシップ以外でのメンタリングについて注意点があります。それは、メンタリングを誰かに強制してはいけないということです。誰かにメンタリングをお願いされた場合、受けるかどうかはあなた次第です。しかし、誰かに導いてもらうというのは、非常に個人的なことです。メン

---

[47] https://www.science.org/content/article/secret-happiness-giving

[48] https://www.youtube.com/watch?v=lUKhMUZnLuw

ターシップやスポンサーシップでは、誰かのために何かする前に、必ず
許可を得るようにしましょう。

　メンターシップとスポンサーシップは異なります。メンターシップは
助言や相談に乗ることであり、スポンサーシップは誰かに機会を提供し
たり、機会を提供してくれそうな人とつなげたりすることです。私はメ
ンターシップをいくらか行っていますが、スポンサーシップのほうが多
くの点で優れています。なぜなら、それは実際には自分のためではなく、
みんなのためにチャンスを提供することだからです。

　最後に、エンジニアリングリーダーの立場にいるなら、資金に多少の
余裕があるかもしれません。大義のために寄付することも、恩を送る良
い方法です。私のお気に入りのものをいくつか紹介します。

- **Dev Careers**（devcareer.io）：アフリカの人々がテクノロジー業界
  で足場を築けるよう、教育と資材の両方で支援します。
- **She Code Africa**（shecodeafrica.org）：寄付やその他の方法で、ア
  フリカの女性がテクノロジー分野で活躍できるようにイベントや活動
  を支援します。
- **Black Girls Code**（blackgirlscode.com）：7〜17才の女の子を対象
  に、STEM分野でのイノベーター、コミュニティのリーダー、彼女ら
  自身の未来を築く人材となる力を得られるように、デジタル分野での
  有色人種の女性の数を増やします。

　恩を送る方法はたくさんあります。これは強力な力になると考えま
しょう。自分のために、自分の周りの世界のために。

まとめ

マネジメントは無私であり、私たちにはたくさんのことが求められま

す。時間、配慮、非常に難しい感情の制御といったことです。自分を大切にすることが、最善を尽くす仕事に本質的に結びついています。

いつも他者を優先するタイプの人であれば、助ける前に自分に酸素マスクをつけることを忘れないでください。自分を大切にするためにさまざまな方法を活用しましょう。誰もがそうすることが非常に重要です。

おわりに

おめでとうございます！　エンジニアリングチームを一つ、あるいはそれ以上リードしているにもかかわらず、一冊を読み終えました。これ自体が大きな成果です。

書籍全体を通して強調してきたように、マネジメントは大変な仕事です。あなたの言葉は重要です。あなたが方向性を定めます。あなたは、組織が支えられている、また組織が健全であると感じられるように支援できます。チームを支援するための重要な要素が、継続的な学習です。たくさんのことが、私たちの肩にのしかかっています。しかし私たちは、**リードするグループに前向きな変化を起こす**可能性を秘めています。これは、真剣に考えさせられると同時に魅力的な責任です。

人は非決定論的です。つまり、ある状況でうまくいったことが、他の状況ではうまくいかないかもしれません。知見を共有すれば、先行きが不透明なときに役立つツールが集まります。こういったツールを利用することで、より良い技術的な判断を下し、良いプロダクトを作り、社員に利益をもたらすプロセスを作れます。

私たちが学びと成長にオープンになればなるほど、業界をよりよくするための可能性を探求できます。マネジャーとして学び成長することで、技術的なレベルでプロジェクトに影響を与えられるだけでなく、すべての業界の重要な基盤である「人」を支援できるのです。

謝辞

　長年に渡り、私を助け、導き、サポートしてくださった、クリスチャン・ヌワンバ氏、ヴァル・ヘッド氏、マーヴィン・カーライル氏、アンジー・ジョーンズ氏、ローレン・セル氏、エミリー・フリーマン氏、アシュリー・ウィリス氏、ダリア・ヘイヴンズ氏、ジェン・クリマス氏、スチュー・スティーン・コノリー氏、シモナ・コティン氏、シュエタ・サラフ氏、フィル・ホークスワース氏、ブライアン・ストーラー氏、クリス・バック氏、クレア・ジャッケル氏、クリスティ・ミル氏、シャリニ・ヴェルマ氏、ワベ・カルダジ氏、マット・ビールマン氏、そしてジェイソン・レンストーフ氏に、心からの感謝を捧げます。皆さんは、いつだったか、私のとてもおかしなアイデアについて聞いてくれて、「OK、やってみよう」と言ってくださいました。

　子どもたちのメーガン、マシュー、エミリー・スミス、私たちの最高におもしろい仲間たちに感謝いたします。愛おしいあなたたち、みんなのことを毎日誇りに思います。

　私のコーチであるジェシー・コヴァリック氏に感謝いたします。彼女は本書にひときわ大きな影響を与えました。彼女は、私がこれまで出会った中で最も賢明な人物の一人で、彼女なしには私は何も達成できなかったでしょうから。

　編集者であるクリスティーナ・フレイ氏とニコール・タシェ氏に、大変感謝しています。あなた方は、私の理解し難いバラバラのコンセプトの山を、一冊の本にまとめてくれました。そうです、この本です！ジョエル・フックス氏とオンライン学習プラットフォームEggheadのスタッフの皆さんも、ありがとうございます。この取り組みへのあなた方の根気強いサポート、とりわけ私が困難な時期を過ごしていた際の献身には、決して報いることができません。本当にありがとうございました。

　この本の豪華な表紙デザインを手がけてくれたウィダック・デザイン

社のスルジャン・ヴィダコヴィッチ氏に、お礼を申し上げます。その素晴らしさに触発されて、この本に挿絵を入れることにしました。[49]

dinosandcomicsさん、あなたの素晴らしいマンガの一幕を、この本で使用させてくれたことに感謝いたします。あなたのコミックには、本当に心を動かされ、感動を覚えます。ありがとうございました。

ケニー・エゼ氏、タラ・マニシック氏、ベン・ホン氏、キャシディ・ウィリアムズ氏、レイチェル・ストラヴァンスキー氏、クリステン・ラヴァベイ氏、ジャクリン・キャロル氏、ニック・ベーレンス氏、ソッシー・マンソリアン氏、マドレイナ・シャイデッガー氏、ヨハン・ルネリエック氏、レイシー・ホートン氏、そしてホイットニー・スタッフォード氏にも、お礼を申し上げます。いつも何から何までありがとうございます。また、常に深い洞察と素晴らしいフィードバックを提供してくれ、私が最も必要としている時に惜しまぬサポートをしてくれたマヌ・マーシー氏とディージ・アジセブツ氏にも心から感謝しています。ケント・C・ドッズ氏にも御礼申し上げます。彼は長期間にわたりオープンソースの章のオリジナル版に一緒に取り組んでくれ、この本のためにそれをリファクタリングする許可をくれました。また、いつも優しい人でいてくれたことにも感謝しています。皆さんと一緒に働けたことはとても素晴らしく、共に働いた時間を、私は本当に大切に思っています。

長年にわたってさまざまなサポートをしてくれた家族に感謝します。ユーモアを持って物事を進めること、努力はいつか報われること、そして、規律が物事を成功に導くことを教えてくれてありがとう。また、私をいつも暖かく迎え入れてくれるディジーの家族にも感謝致します。

とりわけ、絶え間ないサポートをしてくれたディジーへの感謝は、言葉で言い尽くせるものではありません。あなたは最高の人です。ひいきではなく、本当にです。

---

[49] 原著書の『Engineering Management For The Rest of Us』についての言及。

参考文献

本書は、エンジニアリングマネジャーとして成長したい人にとってのリソースの一つに過ぎません。この分野でできるだけたくさん学ぶことを強くお勧めします。アドバイスのすべてがあらゆる状況に当てはまるわけではありませんが、さまざまな視点を持つことに価値があります。

Achor, Shawn. The Happiness Advantage: The Seven Principles of Positive Psychology That Fuel Success and Performance at Work. Currency, 2010. 邦訳『幸福優位 7 つの法則 : 仕事も人生も充実させるハーバード式最新成功理論』、高橋由紀子（訳）、徳間書店

Banaji, Mahzarin R., and Anthony G. Greenwald. Blind Spot: Hidden Biases of Good People. Delacorte Press, 2013. 邦訳『心の中のブラインド・スポット : 善良な人々に潜む非意識のバイアス』、北村英哉（訳）, 小林知博（訳）、北大路書房

Bandura, Albert. Self-Efficacy: The Exercise of Control. Freeman, 1997.

Blackwell, Lisa S, Dali H. Trzesniewski and Carol Sorich Dweck. "Implicit Theories of Intelligence Predict Achievement Across an Adolescent Transition: A Longitudinal Study and Interventions." Society for Research and Child Development, February 28, 2007.

Blue Beyond Consulting. "This is your Brain on Feedback: How Understanding a Little Brain Science Can Make a Big Difference in Your Next Feedback Conversation." 2022. https://www.bluebeyondconsulting. com/2018/11/this-is-your-brain-on-feedback-how-understanding-a-little-brain-science-can-make-a-big-difference-in-your-next-feedback-conversation/

Brown, Jennifer. How to be an Inclusive Leader: Your Role in Creating Cultures of Belonging Where Everyone Can Thrive. Berrett-Koehler Publishers, 2019.

Clear, James. Atomic Habits: An Easy & Proven Way to Build Good Habits & Break Bad Ones. Avery, 2018. 邦訳『ジェームズ・クリアー式 複利で伸びる 1 つの習慣 』、牛原眞弓（訳）、パンローリング

Conti, Gregory. "A Brief Guide to Better 1:1s—For Makers and Managers Alike." Help Scout, July 4, 2016. https://www.helpscout.com/blog/one-on-ones/

Csíkszentmihályi, Mihály. Flow: The Psychology of Optimal Experience. Harper Perennial, 2008. 邦訳『フロー体験 : 喜びの現象学』今村浩明（訳）、世界思想社教学社

Doerr, John. Measure What Matters: OKRs: The Simple Idea that Drives 10x Growth. Portfolio, 2018. 邦訳『Measure What Matters: 伝説のベンチャー投資家がGoogleに教えた成功手法OKR』、土方奈美（訳）、日経BP

Dunn, PhD, Elizabeth. TED Talk, "Helping others makes us happier:but it matters how we do it." 2019. https://www.ted.com/talks/elizabeth_dunn_helping_others_makes_us_happier_but_it_matters_how_we_do_it?language=en

Epstein, David. Range: Why Generalists Triumph in a Specialized World. Riverhead Books, 2019. 邦　訳『RANGE（レンジ）知識の「幅」が最強の武器になる』、東方雅美（訳）、日経BP

Eyal, Nir. Hooked: How to Build Habit-forming Products. Portfolio, 2014. 邦訳『Hooked ハマるしかけ 使われつづけるサービスを生み出す［心理学］×［デザイン］の新ルール』、金山裕樹（訳）、翔泳社

Festiger, Schachter, and Back. Social Pressures in Informal Groups: A Study of Human Factors in Housing. Stanford Press, 1963.

Forsgren, PhD, Nicole, Jez Humble, and Gene Kim. Accelerate: The Science of Lean Software and DevOps: Building and Scaling High Performing Technology Organizations. IT Revolution Press, 2018. 邦訳『LeanとDevOpsの科学［Accelerate］テクノロジーの戦略的活用が組織変革を加速する』、武舎広幸（訳）、武舎るみ（訳）、インプレス

Fournier, Camille. The Manager's Path: A Guide for Tech Leaders Navigating Growth and Change. O'Reilly Media, 2017. 邦訳『エンジニアのためのマネジメントキャリアパ—テックリードからCTOまでマネジメントスキル向上ガイド』、武舎広幸（訳）、武舎るみ（訳）、オライリージャパン

Hanh, Thich Nhat. Being Peace. Parallax Press, 2005. 邦訳『仏の教え ビーイング・ピース―ほほえみが人を生かす』、棚橋一晃 (訳)、中央公論新社

Hogan, Lara. Resilient Management. A Book Apart, 2019.

Hogan, Lara. "The Complete Demystifying Management Program." Wherewithall. See: https://courses.wherewithall.com

Invisibilia. "How to Become Batman." NPR podcast. January 23, 2014. https://www.npr.org/programs/invisibilia/378577902/how-to-become-batman

Jana, Tiffany, and Michael Baran. Subtle Acts of Exclusion: How to Understand, Identify, and Stop Microaggressions. Berrett-Koehler Publishers, 2020.

Kaplan, Mark, and Mason Donovan. The Inclusion Dividend: Why Investing in Diversity & Inclusion Pays Off. Bibliomotion, 2013.

Kovalik, MA, LPC, Jessi. Counseling, Coaching, and Consultation: https://jessikovalik.com/

Lencioni, Patrick, M. The Advantage: Why Organizational Health Trumps Everything Else in Business. Jossey-Bass, 2012. 邦訳『ザ・アドバンテージ: なぜあの会社はブレないのか?』、矢沢聖子 (訳)、翔泳社

Levav, Jonathan, Nicholas Reinholtz, and Claire Lin. "The Effect of Ordering Decisions by Choice-Set Size on Consumer Search" Journal of Consumer Research, Vol 39:3, October 1, 2012. https://academic.oup.com/jcr/article-abstract/39/3/585/1822634?redirectedFrom=fulltext

Meyer, Erin. The Culture Map: Breaking Through the Invisible Barriers of Global Business. PublicAffairs, 2014. 邦訳『異文化理解力 ― 相手と自分の真意がわかる ビジネスパーソン必須の教養』、田岡恵 (著)、樋口武志 (訳)、英治出版

Pink, Daniel. Drive: The Surprising Truth About What Motivates Us. Riverhead Books, 2011. 邦訳『モチベーション3.0 持続する「やる気!」をいかに引き出すか』、大前研一 (訳)、講談社

Rock, David, Heidi Grant, and Jacqui Grey. "Diverse Teams Feel Less Comfortable—and That's Why They Perform Better." Harvard Review, September 22, 2016. https://hbr.org/2016/09/diverse-teams-feel-less-comfortable-and-thats-why-they-perform-better

Rosenberg, PhD, Marshall B. Nonviolent Communication: A Language of Life: Life-Changing Tools for Healthy Relationships. PuddleDancer Press, 2015. 邦訳『NVC 人と人との関係にいのちを吹き込む法』、安納献 (監修)、小川敏子 (訳)、日本経済新聞出版

Scott, Kim. Radical Candor: How to Get What You Want By Saying What You Mean. St. Martin's Press, 2017.『GREAT BOSS (グレートボス) ―シリコンバレー式ずけずけ言う力』、関美和 (訳)、東洋経済新報社

Seldman, PhD, Gwendolyn. "Why Do We Like People Who Are Similar to Us?" Psychology Today. December 18, 2018. https://www.psychologytoday.com/us/blog/close-encounters/201812/why-do-we-people-who-are-similar-us

Sexton, Alex. "The Productivity Cycle." Blog. January 15, 2014. https://alexsexton.com/blog/2014/1/the-productivity-cycle/

Sivers, Derek. Hell Yeah or No: What's Worth Doing. Hit Media, 2020.

Steele, Claude M. Whistling Vivaldi: How Stereotypes Affect Us and What We Can Do. W.W. Norton & Company, 2011. 邦訳『ステレオタイプの科学――「社会の刷り込み」は成果にどう影響し、わたしたちは何ができるのか』、藤原朝子 (訳)、英治出版

Stone, Douglas, and Sheila Heen. Thanks for the Feedback: The Science and Art of Receiving Feedback Well. Viking, 2014.

Uhlmann, Eric Luis, and Geoffrey L. Cohen. "Constructed Criteria: Redefining Merit to Justify Discrimination." Psychological Science, Yale University. Revised 6.22.04. https://ed.stanford.edu/sites/default/files/uhlmann_et_2005.pdf

Williams, Bärí A. Diversity in the Workplace: Eye-Opening Interviews to Jumpstart Conversations about Identity, Privilege, and Bias. Rockridge Press, 2020.

Zhuo, Julie. The Making of a Manager: What to Do When Everyone Looks to You. Portfolio, 2019. 邦訳『フェイスブック流 最強の上司』、今井仁子 (訳)、マガジンハウス

著者について

サラ・ドラスナーは、GoogleのCore Developer Webのエンジニアリングディレクターを務めており、GoogleのWebアプリケーションを支えるWebインフラストラクチャーチームを率いています。これらのチームには、GoogleでのJavaScriptおよびTypeScript言語や、Angular、ACX、Wizを含む複数のフレームワーク、Build/Serve、Karmaを含むWebテスト、CSS/Sass、プラットフォームBoq Webが含まれています。

サラは受賞歴のあるスピーカーであり、以前はNetlifyのデベロッパーエクスペリエンスのVP、Microsoft Azureのプリンシパルリードを努めていました。サラはVueコアチームの名誉メンバーでもあり、オライリーの著者でもあります。また、Frontend Mastersのワークショップも開催しています。サラは、ナイジェリアとケニアの開発者のための無料カンファレンスであるConcatenateConfの共同主催者でもあります。

サラは、Fortniteであらゆる死に方を見つけること、新しいチーズを見つけること、そして才能があって愛らしく、いたずら好きな家族と一緒に過ごすことが好きです。

訳者あとがき

　本書は、サラ・ドラスナー氏による『Engineering Management for the Rest of Us』の翻訳書です。原著は米アマゾンで500以上のレビューさらに4.5という高い評価（2024年5月）を獲得しています。サラ氏は、NetlifyのVP of Developer Experienceを経て、現在はGoogleでDirector of Engineeringを担っており、豊富なエンジニアリングマネジメント経験があります。

　本書の特徴的な点は、エンジニアリングマネジメントの非常に難しい側面である「人」に真正面から向かいあっている点です。もともと、エンジニアリングマネジャーの多くはエンジニアであり、マネジメントの役割を担う前はエンジニアとして多くの時間をシステムやソースコードと向かいあっていたことでしょう。それがマネジャーになると、途端に向き合う対象が変わるのです。ほとんど転職のような体験です。しかも多くの場合、そのタイミングは突然やってきます。

　「人に向かい合う」と言葉にするのは簡単ですが、実践するのはそんなに簡単ではありません。1987年の初版刊行以来、現在でも改版されてテクノロジー業界で読まれている『ピープルウエア 第3版』（日経BP、2013）では次のように記載されています。

　　実際のところ、ソフトウェア開発上の問題の多くは、技術的というより社会学的なものである。
　　マネージャーのほとんどは、技術面より、人に気を配っていると思い込んでいる。しかし、本当にそうしているマネージャーは滅多にいない。実際には、技術だけに関心があるというマネジメントをしている。

　さらに、「アジャイルソフトウェア開発宣言」では、四つある価値の一つ目は次のとおりとなっています。

プロセスやツールよりも個人と対話を

　もし、「人に向かい合う」のが簡単なのであれば、これだけ何度も言及する必要はありません。意識しなければ難しいからこそ、表現は異なりますが、繰り返し主張されているのです。

　では、どうすれば「人」と向き合いながら、効果的なエンジニアリングマネジメントを実践できるのでしょうか？

　その実践方法や関連理論には様々なものがあります。それこそ大型書店の本棚を眺めてみれば、学術的な理論から、成功者による経験談といったものまで、様々な知見が見つかるでしょう。その中でも本書で特に価値のある点は、サラ氏が研究結果などを参照しつつ、自身のマネジメント経験から効果的だった実践知を余すこと無く紹介されている点です。個人的には、「（人の）価値観」から本書が始まる点が特に興味深いと考えています。

　訳者である私は、『エレガントパズル　エンジニアのマネジメントという難問にあなたはどう立ち向かうのか』（日経BP、2024年）も手がけています。同書もエンジニアリングマネジメントに関する書籍なのですが、非常に面白いことに、「（人の）価値観」はほとんど言及されていません。一方で、本書は「価値観」という言葉が200回以上も本文で登場しています。もちろん狙いが異なることから一概には言えないかもしれませんが、同じエンジニアリングマネジメントに関する書籍であっても、これだけアプローチが異なるのです。

　私個人としては、エンジニアリングマネジメントには銀の弾丸は存在しないと考えています。ソースコードではなく、人や関係性に向き合うことになるため、自分や相手に純粋関数のような振る舞いが期待できないからです。だから、その時点の状況に応じて自身のマネジメントを変えていく必要があります。

　そのために大事なのは、使えるアプローチを増やし続けることだと私

は考えています。

　エンジニアリングマネジメントには色々なアプローチがあります。たとえば、組織構造や運営プロセスといったハード面からのアプローチ、人の感情や関係性といったソフト方面からのアプローチがあります。上記で紹介した『エレガントパズル』は主にハード面を中心に使っています。一方で本書は人や関係性を中心に扱っています。本書を読むことで、人と関係性に対するアプローチが多く得られます。（もちろん、どちらも完全に排他ではなく重なる部分もあります。）

　本書を一読しただけでは、すぐにピンとこないものがあるかもしれません。でも、それでよいと私は考えています。マネジメントの経験を積む中で、「あっ、そういえばあそこに書いてあったな」と思い起こしていただいて、必要なタイミングでまた手に取ってください。きっとそこで役立つ実践知が書いてあるはずです。

　ぜひ本書が、皆さまの効果的なエンジニアリングマネジメントの実現に、ひいては日本から素晴らしいプロダクトや生まれることに少しでも貢献できれば幸いです。

訳者謝辞

　本書の刊行にあたり、多くの方々にご協力とご支援を賜りました。この場をお借りして、心より感謝申し上げます。編集を担当いただいた山地淳さんに感謝いたします。山地さんの校正により、大変読みやすい文章になりました。さらに、翻訳原稿をレビューいただきました、石坂達也さん、紙岡保さん、三浦康幸さん、高橋健一さん、三好秀徳さん、やまねひできさん、井上翔太朗さん、武藤真弘さんに感謝を申し上げます。皆さまの実践経験を活かしたコメントにより、書籍の内容が正確かつ大変読みやすくなりました。

　最後に、今回も多大な支援をしてくれた妻の迪子に、そしていつも驚きと喜びをもたらしてくれる二人の子供に心から感謝いたします。いつもありがとう。

2024年5月 岩瀬 義昌

訳者紹介

岩瀬義昌

東京大学大学院学際情報学府を修了後、東日本電信電話株式会社に就職。大規模IP電話開発に携わった後、2014年より現職であるNTTコミュニケーションズにてソフトウェアエンジニア、テックリードとしてWebRTCプラットフォームの開発に従事する。その後、人事として全社の人材開発・組織開発を推進し、同社のR&D組織に移る。アジャイル開発・プロダクトマネジメントの全社支援を経て、現在は生成AIチームのエンジニアリングマネジャー。また、個人事業主としても活動しており、ストックマーク株式会社 Co-VPoE（2021～）。早稲田大学非常勤講師（2020～）。テクノロジーポッドキャストであるfukabori.fm のパーソナリティ。訳書に『エンジニアのためのドキュメントライティング』（日本能率協会マネジメントセンター、2023）、『エレガントパズル　エンジニアのマネジメントという難問にあなたはどう立ち向かうのか』（日経BP、2024）。
X: @iwashi86

エンジニアリングが好きな私たちのための
エンジニアリングマネジャー入門

2024年7月30日　　　初版第1刷発行

著　　者――サラ・ドラスナー
訳　　者――岩瀬義昌　©2024 Yoshimasa Iwase
発 行 者――張 士洛
発 行 所――日本能率協会マネジメントセンター
〒103-6009　東京都中央区日本橋 2-7-1 東京日本橋タワー
TEL　03（6362）4339（編集）／03（6362）4558（販売）
FAX　03（3272）8127（編集・販売）
https://www.jmam.co.jp/

装　　丁―――小口翔平＋畑中茜（tobufune）
本文ＤＴＰ――株式会社明昌堂
印刷所―――――広研印刷株式会社
製本所――――東京美術紙工協業組合

本書の内容の一部または全部を無断で複写複製（コピー）することは、
法律で認められた場合を除き、著作者および出版者の権利の侵害となり
ますので、あらかじめ小社あて許諾を求めてください。

ISBN 978-4-8005-9241-5 C3034
落丁・乱丁はおとりかえします。
PRINTED IN JAPAN

JMAM の本

ユーザーの問題解決とプロダクトの成功を導く

エンジニアのための
ドキュメントライティング

ジャレッド・バーティ、ザッカリー・サラ・コーライセン、ジェン・ランボーン、
デービッド・ヌーニェス、ハイディ・ウォーターハウス 著

岩瀬　義昌 訳

本書は経験に長けた執筆者たちがドキュメントを作成する方法をゼロから説明するフィールドガイドです。架空のソフトウェア開発チームのストーリーを追いながら、ソフトウェア開発の各ステップにおいて、ユーザーニーズの理解、開発者に役立つドキュメントの作成、公開、測定、保守に至るまで、開発を最適化するためのドキュメント作成の技術を解説しています。

これまで学ぶ機会のなかったREADME、APIリファレンス、チュートリアル、コンセプトドキュメント、リリースノートなど、さまざまな種類のドキュメントの書き方について学ぶことができる一冊です。

日本能率協会マネジメントセンター